図 2-1　初夏に水田に植えられたイネ（2008.5、愛知県半田市）

1

図 2-2　冬を越して分けつしたコムギ
（2015.3、神奈川県横浜市）

図 2-4　風のエネルギーを利用する風力発電
（2012.2、静岡県御前崎市）

図 2-5　黄砂によりかすんだ景色
（2017.5、愛知県春日井市・岐阜県多治見市）

図 2-7　昼間はさほど暑くない沖縄の島（2016.9、沖縄県伊是名村）

図 2-10　気温の高いヨセミテ国立公園（2013.9）

図 2-11　気温の低いサンフランシスコ（2013.9）

図 2-12　真夏の富士山頂（2010.8）

図 2-16　飛行機の窓から見た大地のデコボコ（2008.9、長野県北アルプス付近上空より）

3

図 2-18　白馬岳に見られる非対称山稜（2004.8、長野県白馬村・富山県朝日町）

図 2-19　飛行機の窓から見た函館のトンボロ地形（2008.9、北海道函館市付近上空より）

4

図 2-20　海流が作った天橋立（2009.3、京都府宮津市）

図 2-21　伊是名島から屋那覇島に広がるサンゴ礁（2010.8、沖縄県伊是那村付近上空より）

5

図 2-23　石垣島の海岸に点在する津波石
（2010.9、沖縄県石垣市）

図 2-26 ⓐ　根尾谷断層
（2005.7、岐阜県本巣市）

図 2-27　養老山地より濃尾平野を眺める（2012.3、岐阜県海津市）

図 2-28 ⓐ　川をくぐる鉄道（2012.4、岐阜県海津市）

図 2-29 ⓐ　瀬戸内海のビュート（2016.8、香川県高松市）

図 2-30　伊那谷の河成段丘（2011.1、長野県豊丘村）

図 2-31 ⓐ　下総台地（2012.9、千葉県旭市）

図 2-32 ⓐ　**明治神宮御苑**（2014.4、東京都渋谷区）

7

図 2-33　**黒部川扇状地**（2008.9、富山県付近上空より）

図 2-34　**桃畑の広がる扇状地**（2011.4、山梨県笛吹市）

図 2-35 ⓐ　**川端**（2016.4、滋賀県高島市）

図 2-35 ⓑ　**川端から流れる清水**（ⓐに同じ）

図 2-36　養老山地東麓に連なる連続扇状地（2012.3、岐阜県海津市）

図 2-38　濃尾平野の干拓地と三角州（2008.9、愛知県付近上空より）

図 2-42　**ウバメガシ林**（2012.4、三重県紀北町）

図 2-43　**ヘゴの群落**（2011.11、沖縄県名護市）

図 2-44　**西表島の亜熱帯降雨林**（2010.9、沖縄県竹富町）

図 2-45　白神山地のブナ林（2008.9、青森県深浦町）

図 2-46　樽前山山麓に広がる針広混交林（2010.9、北海道）

図 2-47　亜高山帯針葉樹林（2017.8、長野県安曇野市燕岳付近）

図 2-49　森林限界（2009.8、北海道大雪山）

図 2-48　高山帯のお花畑
（2009.7、北海道大雪山系）

図 2-50　お茶の栽培風景（2007.1、静岡県菊川市）

図 2-51　ミカンの栽培風景（2011.11、愛知県美浜町）

図 2-52　リンゴの栽培風景（1999.10、長野県松本市）

図 2-54　ヤクシカ（2006.9、鹿児島県屋久島町）

図 3-1　**カール地形**（2011.8、南アルプス荒川岳付近）

図 3-2 ⓐ
ハイマツ
（2009.7、北海道大雪山）

図 3-2 ⓑ　**ハイマツ**（2011.8、南アルプス）

図 3-3　もやの中に現れたライチョウ（2011.8、南アルプス聖岳付近）

15

図 3-4　ミカワバイケイソウ
（2016.5、愛知県豊田市）

図 3-6　鈴鹿山脈で発生した崖崩れ
（2009.9、三重県菰野町）

図 3-9 ⓐ　**錦タワー**（2012.4、三重県大紀町）

図 3-11　**原生自然の残る尾瀬ヶ原**（2015.7、福島県桧枝岐村）

はじめて地理学

身近なところから地球の「なぜ」を解き明かす

富田啓介
Tomita Keisuke

ベレ出版

はじめに

「地理」というと、中学校の社会科以来という方も多いかもしれません。地図記号を覚えさせられた、四大工業地帯の特色を頭に叩き込んだ、などという記憶が蘇ってきたという方にまずお断りしておきますが、この本はそれらを復習するような内容ではありません。そもそも社会科の「地理」は、「地理学」のごく一部分でしかありません。

どういうことでしょうか。確かに、教科としての「地理」では、たくさんのことを覚えます。しかしそれは、音楽をたしなむために、楽譜の読み方や楽器の鳴らし方を覚えたり、料理を楽しむために、素材の特色や調理器具の使い方を学んだりするようなものです。それらは、音楽や料理をするうえでの基礎ではあっても、すべてではありません。基礎を踏まえたうえで、好きな曲を自分のアレンジで演奏したり、腕によりをかけて作った料理を人に食べてもらったりして、初めて音楽や料理という活動が完成すると言えるでしょう。それこそが、音楽や料理の醍醐味ではないでしょうか。

地理学もまったく同じです。もちろん基礎知識を覚えることは重要ですが、「日本には富士山がある」「沖縄県ではサトウキビが特産である」といった、百科事典やインターネットで調べればわかるような事実を覚えることが、地理学ではありません。そうした事実を踏まえたうえで、「なぜ、富士山があるの？」「サトウキビはなぜ沖縄で生産されているの？」といった疑問を、あらゆるデータを照合しながら突き詰めて調べていくことが地理学なのです。そして、そうした研究のうえに、「富士山が噴火したときには、この地域が特に危険だ」と想定したり、「特産のサトウキビを使って地域を元気にできないか」と検討したりすることが、地理学には求められています。地理学の醍醐味は、こうした自然や社会の中に潜む謎を独自の視点から明らかにし、それをもって社会に貢献できることにあると言えます。

この本の目的は、このような「地理学」の考え方やその魅力を紹介することです。第一章では、そもそも地理学って何？　何が面白いの？　という率直な疑問に対して、できるだけ具体的な例を引いてお答えします。第二章では、身近な場所や旅先で目にする風物・風景に着目します。それが、なぜそこにあるのか？　どのようにして成り立ったのか？という疑問を地理学の目で解き明かします。ここを読めば、自然地理学の基礎知識がおおよそ網羅できるように工夫しました。第三章では、地理学の幅広い裾野を知っていただくために、今日私たちが抱える課題についていくつかを選び、地理学の視点から紹介します。必ずしも、それらに対する明快な解答や、解決の指針を示そうとは思っていません。それは、この本の目的ではありませんし、また、皆さんにさらに知識を深めていただいて、適切と思われる説を選択したり、鮮やかな解決方法を検討したりしてほしいからです。

初対面の方に「地理学を教えています」と自己紹介すると、目をしばしばさせて、「えーと、それはどんなものですか」と質問されることが多くあります。言葉はよく知られているけれど、なんだかよくわからない分野、という印象がどうも「地理学」にはあるようです。この本を通じて、「地理学」という面白い分野があることを知っていただければ嬉しく思います。

はじめて地理学　目次

第3章 地理学から今を見る

本書で紹介する主な地域

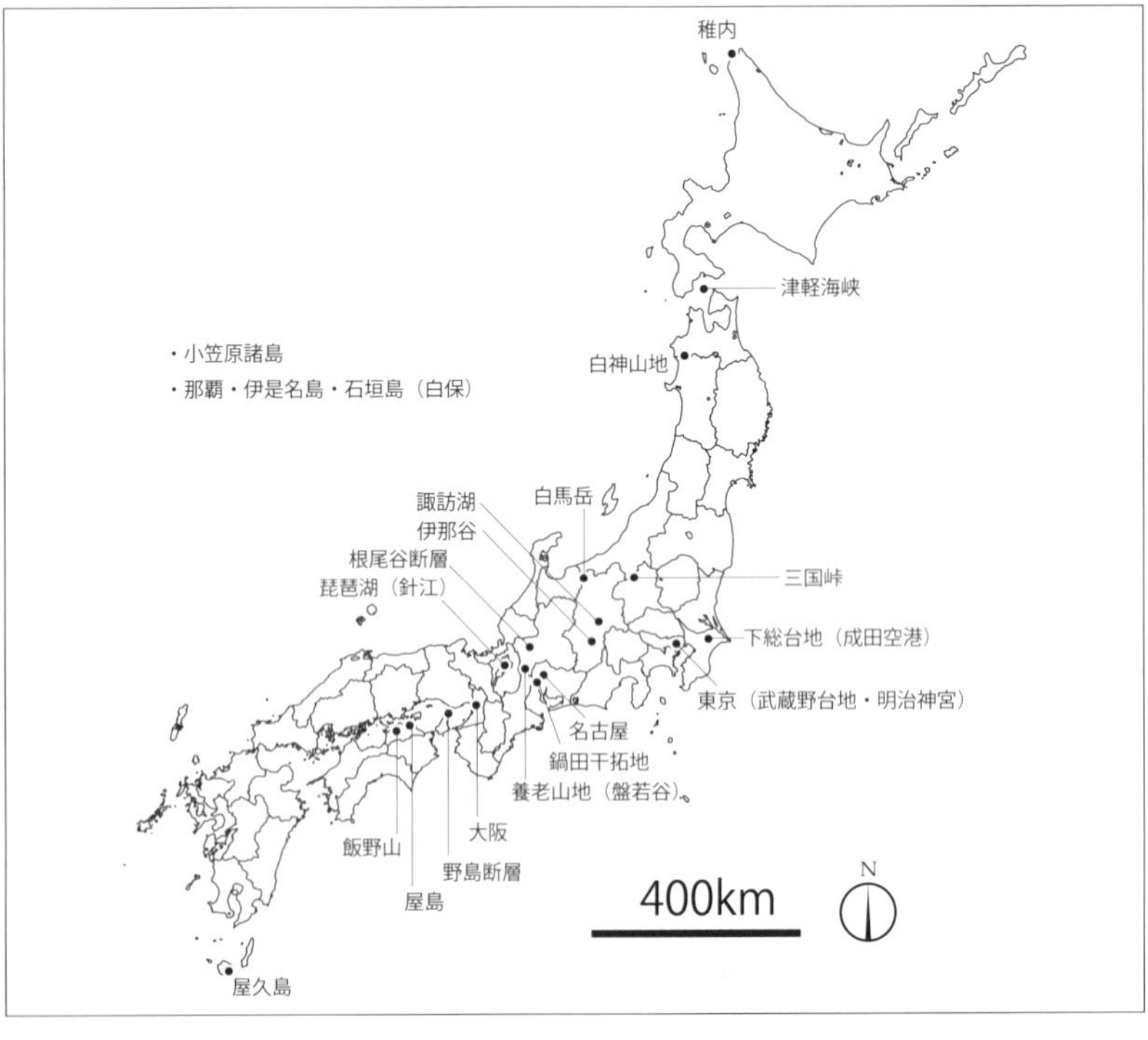

第1章

地理学への招待

1 山田太郎さんの一日

空間を見つめる科学

あなたが、たまたまどこかのパーティーで生物学の研究者と出会ったとしましょう。「私は、生物学を研究していまして」と紹介を受ければ、（ああ、この人は何かの生き物か、生き物の仕組みを調べているんだ）とすぐに理解できるでしょう。「魚の研究ですか？昆虫の研究ですか？　それとも、筋肉の動きなんかを調べているのですか？」などと、話の接ぎ穂はいくらでもあります。ところが、不運にも（？）相手が地理学の研究者だったらどうでしょう。何を調べているのか、すぐには思いつきません。やけくそになって「では、すべての国の名前が言えたりするのですか？」などと話して相手を呆れさせてしまうか、「ああ、チリの研究、ええと……私も辛いチリソースは好きですよ」と笑えないギャグを飛ばして失笑を受けるか、いずれもしたくない人は、ぜひ続きを読んでください。

地理学とは、ずばり「空間の科学」です。地球表面に広がるありとあらゆる事象を対象にし、その分布や地域の多様性を見つめ、分析するのが地理学です。山・風・ニホンカモシカといった自然の物や現象であっても、ビル・お金・ファッションの流行といった人が生み出した物や現象であっても構いません。「それはどこにあるのだろうか？」「なぜそこにあるのだろうか？」「地域による違いはあるのだろうか？」といった切り口で観察しさえすれば、それはもう立派な地理学です。

少しわかりにくいのは、生物学をはじめ、人類学・地質学などほかの多くの学問が「扱う対象」によって定義されるのに対し、地理学は、空間の広がりや場所による違いに注目するという「観点」で定義される分野だという点です。

たとえば、人間はどんな生き物なのだろうか？　という疑問を追究していくのは人類学です。これに対し、人間はどこに住んでいるのだろうか？　という疑問を追究するならば地理学です。また、ある地域を取り上げ、そこでは人はどんな家に住み、どんなものを食べ、どんなことを考えているのだろうか？　という疑問を追究するのも地理学です。

高校までの教科としての地理は、「何がどこにあるか」という事実をひたすら覚える、暗記物のイメージが強いかもしれません。しかし、事実を覚えるだけでは地理「学」とは言えません。たとえば「ここに都市がある」という事実を知ったなら、地理学では、どうしてそこに人が集まっているのだろうか、と考えを進めます。それを追究するためには、人だけでなく、人を取り囲む大地や大気についても知る必要があるでしょう。このように、地理学は、地表面に見られる（引き起こされる）あらゆる事象を、互いの関係性を見極めながら解き明かしていく学問です。地理学の研究は、ジグソーパズルを解くように、わくわくするとても楽しい活動です。

さて、ここで地理学を特徴づけるキーワードをまとめておきましょう。位置・場所・地域・空間、そして環境。あなたの日常生活の中にも、こんなキーワードは溢れんばかりに存在しているはずです。

……えっ、なかなか思いつかない？　できることなら、皆さんお一人お一人の生活に寄り添って「あれも地理学ですよ」「これも地理学ですよ」とご案内したいところですが、そうはいきません。そこで、皆さんの分身として、ある地方都市の近郊に住む山田太郎さんに登場願いましょう。ごくありふれた会社員である山田さんの一日の生活の中に、どんな地理学が見つかるでしょうか。

山田さんの朝

山田太郎（🌐1）は、暖かい布団の中でいつまでもまどろんでいたかったのですが、頭上でけたたましい音が鳴り響くので、仕方なく起き上がりました。春眠を破る憎い相手は、七時にセットした目覚まし時計（🌐2）です。追い打ちをかけるように、太郎の目には、窓から差し込むまぶしい光がこれでもかと突き刺さります。耳には、妻の花子がキッチンで朝食を作る音が聞こえてきます。

眠い目をこすると、窓越しに、通りの向こうの児童公園に植えられている桜が見えました。先週末から咲きはじめ、ちょうど満開です（🌐3）（図１－１）。

二年前の春、太郎は転勤でこの土地に移り住むことになりました（🌐4）。駅前の不動産屋を何軒か回り、部屋を探していたときのことです。物件を内覧中に、案内の営業マンはこんなことを言うのです。「――ここは駅から遠いし、建物もちょっと古いんですけど、一つだけいいことがあるんですね」。営業マンは窓の外を指して続けます。「はら、あそこに公園があるでしょう。もう少しすると、桜がたくさん咲くんですよ」。

図 1-1　満開の桜（2008.4、京都府京都市）

太郎も窓から公園のほうを見たのですが、まだやっと三月に入ったばかりの当時は、何の変哲もない住宅地の中の空地にしか見えませんでした。結局、その物件に決めたのも、それが決め手というわけではなく、家賃が安く手頃（🌐5）だったという理由からでした。

三月末に引っ越してからも、太郎は特に窓の外の景色を気にはしませんでした。なにしろ、家の引っ越しの片づけに加えて、新しい赴任先で命じられた業務を覚えるのに必死だったのです。ところが残業が続いたある夜、部屋のカーテンを閉めようとして、太郎は窓の外に不思議な光景を見ました。街の少し先のほうがぼぉっと仄《ほの》明るいのです。（あれは確か、不動産屋が言っていた公園の方向だな）。引き込まれるように目を凝らすと、付近の家々から漏れ出す光で、児童公園に咲きはじめた桜が照らされているのだとわかりました。どう表現したらよいかわかりません。敢えて例えるならば、そこだけが異質な空間として街の中に浮かび上がっているような、不思議な光景でした。疲れていたからそう見えたのかもしれません。しかし、太郎にとっては何かがそこから始まるような、そんな印象を覚えたのです。

　太郎は携帯電話を手に取りました。当時まだ結婚していなかった花子に、その桜の公園のことを伝えたいと思ったのです。もともと前の勤務先で知り合った花子とは、転勤と同時に否応なく距離を隔てた交際（🌐6）となっていました。花子には、太郎に相談せずに何でも一人で決めてしまうことがよくあり、そんな原因で喧嘩をすることも多かったけれど、交際を始めて三年を経た最近では、なんとなく一緒にいる将来が見えるような気がしていました。つまり、結婚してもいいかと思いはじめたところでの、急な転勤だったのです。「そんなふうに、そこから桜が見えるの？　じゃあ、今度の週末に見に行く」。花子は、今回も太郎の都合を聞く前に、勝手に予定を決めてしまいました。

その週末、桜はちょうどうまいこと満開になっていました。

太郎には、その日のために考えておいたことがありました。新幹線と私鉄を乗り継いでやってきた花子を迎えに行くと、太郎は確かめておいた例の公園の場所（🌐7）へ、花子を案内しました。太郎の足は、急ぎ足になります。「へーぇ、これがその公園。小さい公園なのにすごい数の桜が植わっているね」などと言っている花子を、太郎は一番大きな桜のところに無理やり引っ張って行って伝えたのは、この先もずっと生活を共にしたいということでした。後に、花子は「児童公園でプロポーズ（🌐8）なんでどうよ」などと、事あるたびに言うので閉口するのですが、少なくともそのときは嬉しそうな顔をしていたことを、太郎ははっきりと覚えています。

「何を朝からぼーっとしているの、早く食べよう」。花子がテーブルの上に朝食のご飯とみそ汁を運びながら言います。花子はどちらかというと洋食派だったのですが、昨年結婚してからは、和食派の太郎の好みに合わせてくれているようです。太郎の赴任した地方は、赤みそという大豆から作ったみそが主流です（🌐9）。関東出身の太郎は最初慣れませんでしたが、今では気に入って花子ともども食べています。みそ汁の具には、豆腐が浮いています。「うーん、いかにも日本の朝食って感じで、いいなあ」と、太郎はうまそうにすするのですが、材料を買ってきた花子は「うーん、そうとも言い切れないんだよなあ」と言うのです（🌐10）。

(1) ありふれた姓の山田さんですが、姓の分布も地理学の研究対象となります。たとえば佐藤さんは東日本に多く、田中さんは西日本に多い傾向があります。

(2) 起床時間の地域差を調べてみると面白いかもしれません。年齢によっても異なるでしょうが、働く世代の起床時間は、勤務先までの通勤時間とも大きく関係しているはずです。また、早起きの人と遅く起きる人とで、空間的な行動パターンの違いがあるかもしれません。さらには、男女差や独身か否かといった違いもあるでしょう。こうした問題を扱うのは、時間地理学や行動地理学という分野です。

(3) 桜の開花時期は、気候条件によって変わります。気温や降水量といった気候要素の地域による差異を研究する気候学は、自然地理学の一分野です。桜（ソメイヨシノ）の開花、ツバメの初見日、アブラゼミの初鳴日といった生物季節を調べることも行われます。

(4) 人の移動やそのパターンを調べることは、地理学でよく行われます。山田さんのような転勤に伴う転入・転出はもちろんのこと、旅行・移住・移民・難民といった行動も重要なテーマです。私たち一人ひとりが空間を移動することは、特別取り上げることもないありふれた行動です。しかし、社会全体の動向を見れば、農山村の過疎化や都市の過密の有様、国際紛争のメカニズムがわかるかもしれません。

(5) 地価（地価を反映した家賃も含む）の分布は、都市地理学や経済地理学でよく研究されます。地価は、単純に景気や利便性で決まるのではありません。法令が指定する用途区域、災害への脆弱性、土地のイメージなど、複雑な要素が絡みます。

(6) 距離や空間という要素が絡めば、恋愛や交際といったものでさえ地理学の対象になります（残念ながらあまり研究を見かけたことはないのですが）。仮に、何かの基準で遠距離恋愛を定義できたとすれば、そのいきさつを類型化して分析したり、地域による多寡を比較したりすることができます。そこから、現代社会の新しい一面を読み取ることができるかもしれません。

(7) ある場所への行き方を知るにはどうしますか？ 現代では、目的地をインプットすると適切なルートを選択してくれるカーナビという便利なものがあります。しかし、最寄り駅やよく行くスーパーまでの経路などは、別にナビに頼らなくても行けますよね。これは、頭の中に地図が出来上がっているからです。これは認知地図と呼ばれ、認知地図のアウトプットである「手書き地図」を用いて、人が空間をどう認識しているのかといった研究も行われています。

（🌐8）「プロポーズするのにふさわしい場所」のように、特定の場所に固有のイメージが付随していることがあります。俗に「パワースポット」と呼ばれている場所もそうした例の一つです。こうしたイメージがどのように形成されていくのかを研究するのも地理学ですし、「恋人の聖地プロジェクト」のように、それがどのように地域活性化や観光振興に結びついているかを経済的に分析する研究もあります。

（🌐9）地域の伝統食からご当地のB級グルメのようなものまで、食材や料理も地理学の対象になります。それらを文化として捉えた場合は文化地理学ですし、経済や産業、流通といった側面や、気候など自然要素との関連を見ることもあります。

（🌐10）花子さんはきっと産地表示を見ていたのですね。農林水産省の統計によると、みそや豆腐の原料となる大豆の自給率は七％です（平成二六年度、重量ベース）。多くをアメリカやブラジルから輸入しています。どんな農産物がどこで生産されるか、という統計を学生時代に覚えさせられた人も多いと思いますが、地理学で大切なのは、その数字が何を意味しているかを考えることです。

山田さんの夕方

山田太郎さんが乗り込んだのは、午後七時過ぎにその地方都市の中心部を出て郊外に向かう快速列車です。仕事を終えて自宅に帰るところですが、乗り込む人は皆同じ状況なので、朝の通勤時間ほどではないにしても、列車は相当に混雑しています（🌐11）。今日は金曜日。定時で仕事を終えて、さっそく一杯ひっかけてきた人も混じっているようで（🌐12）、車内はかすかに酒の匂いが漂っています。

日脚は伸びてきましたが、夕暮れの時間はすでに過ぎ、窓の外は闇が迫っています。ところどころ、街頭に照らされた桜が浮かび上がっては、流れていきます(13)。桜の下で花子にプロポーズしてから、もう三年が経ちます。公園が見えるアパートは引き払い、昨年、同じ路線の少し先にある少し広めのマンションを借りました。娘のさくらが生まれて、手狭になったからです(14)。幸いなことに、しばらく転勤はなさそうで、この土地で子育てをする心積もりをしています。

そのマンションは、起伏に富んだ丘陵地だった場所を均《なら》して出来上がった住宅団地の一角にあります。家並みの途切れるところにある神社が、辛うじて当時の面影を残しています。その古色蒼然としたやしろのすぐ横が、かなり唐突な感じでショッピングセンターの敷地になっており(15)、団地に住む人たちが冷蔵庫代わりに使っています。買い物に便利で、保育園も近くにあるので、住み心地は良さそうでした。

その街に住もうと思っていることを職場の先輩に話したところ、「安全性は確かめたのか？　小さい子どもがいるんだろう？　ならばなおさら、役所でハザードマップをもらってきて、確認してから契約したほうがいい」とアドバイスを受けました。太郎は、ハザードマップという言葉を初めて聞きましたが、何でも災害の危険性を示した地図だということです。さっそく、平日に休みが取れたときに、役所の防災課を訪ね、ハザードマップを

図 1-2　郊外の田園にある緑地公園（2016.2、横浜市）

もらってきました。調べてみると、マンションのある場所は高台で、また、切り土部分に相当するので、地震や水害に対して比較的安全とわかり、安心しました。

ショッピングセンターとは反対の方向に歩くと、もともとあった雑木林や田んぼを利用した結構広い緑地があって、週末になるとたくさんの人が憩いに集まってきます（図１－２）（🌐16）。太郎たち家族も、さくらを抱っこ紐の中に入れて、何度か散策に行きました。最近、さくらがやっと言葉らしきものをしゃべるようになったので、いろいろな物の名前を教えています。

先日も、この緑地で「木」を教えました。雑木林を歩きながら、「これは木と言うんだよ」「キー」「そう、木だね」という具合です。そんなとき、たまたま付近で草刈り

図 1-3　雑木林で遊ぶ子ども（2017.1、愛知県春日井市）

をしていた年配の男性が、むくっと立ち上がって、突然話しかけてきました。「どうもこんにちは。これは、木でもマンサクと言うんです。ほら、よく見るとまだ寒いのに黄色い花が咲いているでしょう。まず咲く、からマンサクなんです」と、言うのでびっくり。人見知りのさくらがギャーッと泣き出したので、男性はすまなそうな顔をして謝りました。「この緑地の保全ボランティア（🌐17）をしているんです。本当にたくさんの木や鳥がこの公園にはいるので、知ってもらいたくて」と自然を紹介したパンフレットを渡してくれました。ちょっとしたハプニングでしたが、こうして新しい土地のことを知ってゆくのは楽しいことです（🌐18）。

家に帰ってパンフレットを眺めていた花

子が、「ねえ、さくらがもう少し大きくなったら、ここに連れて行ってもいい？」と聞きます。見ると、「森のようちえん」と書かれていて、小さい子どもを森の中で自由に遊ばせる活動をしているのだそうです（図1－3）（🌐19）。ほかの子どもたちと伸び伸び動き回ることや、自然の不思議さと出会うことで、豊かでしなやかな心身を育むのが狙いなのだとか。せっかく緑地が近くにあるのだし、費用もそこまでかからないようなので、太郎も賛成しました。

帰宅列車から、その緑地は、街の明かりのない黒く沈んだ領域として眺めることができます。車内に、まもなく駅に到着する旨のアナウンスが流れました。明日からの週末、また花子やさくらと緑地に行こうか、別の場所に遠出しようか。太郎は考えを巡らせています（🌐20）。

（🌐11）現代日本で働く人々は、住む場所と働く場所とが離れているのが一般的です。これは職住分離という生活スタイルで、日常の中に必ず通勤という行為が組み込まれます。どの勤務先もだいたい同じ時間に始業するので通勤ラッシュが起こり、退勤時間は多少ばらつきますが、やはり皆が自宅に帰ってゆきます。最近進められるようになった時差出勤や在宅勤務が、この傾向にどこまで影響を及ぼすのか、時間地理学では注目しています。

（🌐12）居酒屋はどこに立地するのか。ちょっと一杯という立ち飲み屋は、敷地面積が少なくて済みますし、賃料が高くてもすぐ電車に乗れる駅前が繁盛しそうです。一方、まったり語らうバーは、駅から少し離れていても、常連さんを抱えればやっていけるかもしれません。場所によって業態や客単価、客の滞在時間は変わってくるのか？　酒場の地理学というのも面白いかもしれません。

(🌐13)一年で最も日の短くなる冬至が一二月下旬です。桜の咲く四月上旬は、それから三か月以上経っていますから、まだ肌寒くても日はかなり長くなっています。日照時間の変化は、自然環境だけでなく、人の行動範囲や経済活動にも影響します。これらについて地理学的な分析を行う際に、見落としてはいけない重要な因子です。

(🌐14)人の一生における行動経路(ライフパス)の分析も、地理学の研究課題です。今回の山田さんのように、進学・就職・結婚・出産といったライフステージの変化に伴う転居は、現代日本においては、ごくありふれたライフパスです。また、ごくありふれた個人の生活史(ライフヒストリー)を分析することで、地域社会や自然環境の移り変わりを明らかにする研究も行われています。

(🌐15)街の中の景観についても地理学による研究が行われています。街並み景観を資源とする観光地などでは、建物の高さや色彩などについて細かい取り決めをして、街の美しさを保全しています。しかし、そうでない場合、山田さんが暮らすことになった住宅団地のように、開発の過程でごちゃごちゃした景観になってしまうことも多々あります。

(🌐16)土地条件と災害との関わりは、今や地理学で最も盛んに行われている研究の一つです。その成果であるハザードマップは、市民への災害リスクの周知や、避難計画の立案に役立てられています。

(🌐17)この年配の男性は、どこからこの緑地に来ているのでしょうか。まだこの場所が農村だった頃からの住人で、土地への愛着からボランティアを始めたのかもしれません。あるいは、電車で数十分かかる都心部から、自然との触れ合いを求めて通っているのかもしれません。都市の通勤圏や、商店の集客範囲といった研究はよく知られますが、このようなボランティアを行う人々の集まる範囲や、その理由を調べてみても面白いでしょう。

(🌐18)新しい街に住みはじめると、誰もが最初は最寄り駅・郵便局・銀行・コンビニ・スーパーといった生活上必要な施設の場所を把握するでしょう。街に慣れて余裕が出てきたら、そうした生活維持の目的とは無関係に、街のあちらこちらを歩いてみましょう。きっと、古いお寺を見つけたり、面白そうな風景に出くわしたり、新たな発見があることでしょう。興味を持ったら、その由緒などを調べてみてください。単なる居住地が、愛着あるふるさとに変わると思います。

(🌐19) 子どもが身近な生活空間をどう認知し、発達の過程でそれがどう変化するのかを研究することも、地理学で行われています。子どもに手書きの地図を描いてもらうと、彼らがどこまでの範囲を、どう認識しているのかを知ることができます。これまでの研究は、小学生以上の子どもを主な対象としてきましたが、さくらちゃんのような乳幼児についても工夫して調査を行えば、面白い成果が出るのではないでしょうか。

(🌐20) 週末や長期休暇のレジャー・行楽も地理学の研究対象です。どんな世代が、どこに、どんな人と行くのかといった行動の傾向を調べるのも興味深いですし、行楽地という場所の成り立ちを掘り下げるという視点もあります。

2 地理学から見る世界

地理学が扱う三つの課題

地理学が扱う課題は、突き詰めれば次の三つになるでしょう。

一つ目は、地球表面の情報の整理方法です。つまり、地球表面の様子を正確に書き示し、分布や位置をどうわかりやすく表現するかという課題です。これを担うのは、地図学や測量学、地理情報科学と呼ばれる分野です。これらは、二つ目と三つ目に挙げる課題を扱っていくための基礎と言えます。

二つ目は、地球上の様々な地域を知ることです。私たちの住む世界には多様な地域があり、それぞれがユニークな存在です。それぞれの地域を総合的に取り上げ、地域の全体像を明らかにします。この課題を担うのは、**地誌学**と呼ばれる分野です。

三つ目は、地球の表面に分布する様々な物事の分布と、その原因を知ることです。すでにお話していますが、地球表面は実に様々な事象で構成されています。この一つひとつを分析的に取り上げ、空間的な広がりや偏りを追究します。テーマは非常にたくさんありますが、まとめて**系統地理学**と呼ばれます。その中で、地形学や気候学のように自然現象や自然環境を扱うものは**自然地理学**、経済地理学や政治地理学のように社会現象や社会環境を扱うものは**人文地理学**と呼びます。

一般に、地誌学と系統地理学を地理学の二大分野と呼びます。双方が補完し合うことで地理学が成り立っているという意味で、両輪に例えられることもあります。少し難しい話になってしまったかもしれません。しかし、地理学を知るためにはぜひ知ってほしい部分です。なるべく具体的な例を出しながら、それぞれの課題を紹介してゆきましょう。

地表の情報を整理する

あなたがこの本を読んでいる場所を、誰かに伝えるにはどうしますか？

まず、「○○県○○市○○町何番地の市立図書館」というように住所を言う方法があります。手紙を出すときはそうしますね。地図を見せて、「この場所！」と指さす方法もあります。道順を併せて示したい場合は、この方法が最も適しているでしょう。さらには、「北緯○度、東経○度」というように、経緯度を使う方法もあります。まあ、日常ではこんなマニアックなやり方で位置を伝える人はいないでしょう。しかし、地名がわからず、詳しい地図もない密林や大海原で遭難した場合、救難信号を出すにはこの方法が確実です。

このように、地表面の特定の位置を示すには、地名を用いる方法、地図を使う方法、座標を用いる方法などがあります。地名は多くの場合、慣習的な土地の呼び名が定着したものですが、それが地表面のどの部分・どの範囲を指すのかを説明するには、正確な地図とセットでなければなりません。さらに、地図が地球表面のどの部分を描画したものかを知るには、座標とセットでなければいけません。これらは相互に結びついているのです。

人々は、古くから自分たちの住む世界を示すために、知識を集め、測量を行い、ときに思想や哲学にも基づいて地図を作りました。そして、その上に地表の様子を表現してきました。地球が球体であることが明らかになってからは、その絶対的な位置を示す経緯度が考え出されるとともに、球面をいかにして紙の上（平面）に投影するかについても工夫されてきました。

そんな中で生み出されてきた測量術や地図表現法は、現代においても地理学を支える重要な基盤になっています。

地域を知る

地誌学とは、言ってみれば「地域をまるごと見る」ことです。その目的は地域の成り立ちを理解することであり、「地域性を明らかにすること」と言い換えてもいいでしょう。これは、一般に広く知られている地理学のイメージに最も近いかもしれません。

具体例を挙げてみましょう。あなたが、日本という地域を海外の人に説明するとしたら、どんな説明をしますか？　ゲイシャ・サムライ・マウントフジ……。なるほど。でも、そんな外国人受けしそうなものにこだわらなくてもよいのですよ。もっと広い目で日本を捉えてみましょう。

まず国土の自然を観察しましょう。日本の国土は、日本列島と呼ばれる大小の島々から成り立っています。本州・北海道・九州・四国のほかに、小さな島々を合わせると、その数はおよそ六八〇〇。面積はおよそ三八万平方キロメートルに及びます。小さい国とよく言いますが、実際には結構大きいのです。世界約二〇〇か国のうち、広いほうから数えておよそ六〇番目です。

これらの島々は起伏に富み、海岸沿いの低地がある一方で、標高三〇〇〇メートルを超える高山も存在します。山々の中には少なからず火山が含まれ、人々に脅威と恩恵をもたらしています。また、地球上の位置を見ると中緯度に位置し、四季があり、総じてよく雨が降ります。しかし、気候は一様ではありません。水平方向にも、垂直方向にも広がりを持つ日本には、亜熱帯から亜寒帯に至る多様な気候が見られます。こうした変化のある地形と気候は、地域ごとに独自の生物相を育み、多数の日本固有種が確認できます。

日本列島に人が住みはじめたのは、今から三万年以上も前と考えられています。当時わずかだった人口も、次第に増加して、現在は一億二五〇〇万人を超える人々が暮らしています。その大半が、大和民族と呼ばれる日本語を母語とするグループです。しかし、アイヌ民族をはじめとした異なる言語・文化を持つ人々や、中国大陸や朝鮮半島をはじめ海外にルーツを持つ人々も少なからず含まれています。こうしたたくさんの人々が、地域ごとの文化を醸し出し、経済を動かしています。

ＧＤＰ（国内総生産）は四兆ドルを超え、陰りが見えつつあるものの、今なおアメリカ・中国に次ぐ世界第三位の経済大国です。工業大国としても知られ、日本製の自動車など工業製品は海外で高く評価されています。

このように、日本の特徴を挙げていけば、地形・気候・生物・人口・民族・文化・経済……と非常に広範な事項に及びます。こうした情報を整理したものを地誌と呼びます。地誌学の対象となるのは、今回例として挙げた国家だけではありません。ヨーロッパとかラテンアメリカといった国家を超えたエリアを取り上げることもあれば、関東地方とか小豆島といった狭い地域を扱うこともあります。

皆さんの街でも、市史（誌）などの自治体史（誌）を編んでいませんか？　図書館の郷土資料コーナーに行けば、自分の住む自治体か、少なくとも都道府県のものがあるでしょう。主にはその地域の歴史を取り上げていることと思いますが、自然環境や現代の地域社会についてもいくらかは取り上げているはずです。これは、地誌の具体的な姿の一つと言えるでしょう。

地誌学はもういらない？

地理学は「未知の世界を記録する」という活動とともに発展してきました。ほとんどの人が限られた世界しか知るすべがなかった時代においては、地誌学こそが地理学でした。今で言うならば、月面世界に降り立ち、その様子を目の当たりにしてきた宇宙飛行士の記録のように、珍しく価値のある情報として、地誌は尊ばれたことでしょう。

ところが、世界の多くの情報を、誰もが苦労せずに手に入れることができるようになった今日、地誌学は色褪せて見えます。もう地誌学がやるべきことはないのではないか？と思う人もいるかもしれません。ところが、社会は刻一刻と変化しています。地誌学には、この変化を見つめ続け、今後も各地域の姿を記録し、後世に伝える役割があります。

地誌学は地域情報の単なる寄せ集めではありません。溢れかえる情報の中から、正しく価値ある知見を選りすぐり、系統的に整理する必要があります。これが、今日における地誌学の大きな役割と言えるでしょう。

そして、こうしてまとめられた成果を学ぶことは、現代人にとって重要な教養です。国内外の地域の成り立ちを知ることは、そこで起こっている出来事を正しく理解するための基礎だからです。たとえば、紛争の理由を知るには、背後にあるその地の民族や宗教の知識が必要です。また、地球温暖化を議論するには、関わりの深い産業や人口の変化を理解しなくてはいけません。こうしたこともあって、日本の初等・中等教育における地理分野の学習内容において、地誌学は今でも主要な位置を占めています。そして、小中学校の教員免許を得るためには、大学で地誌の単位を修得しなくてはいけません。

一方で、こうした地誌重視の地理教育が、「暗記科目」「つまらない科目」というステレオタイプな印象を与えていることも否めません。覚え込むことが重要だ、という暗示から抜け出すには、地誌学を「地域の情報を記録・整理すること」から一歩進め、「地域を総合的に理解すること」と捉えてみるとよいかもしれません。

私は今、陶磁器産業で知られる愛知県瀬戸市に住んでいます。瀬戸市の山や川の名前、人口分布や産業の構成を調べて示したところで、その住民であったとしてもあまり関心を持たれないでしょう。「ふーん、そうなんだ。だから何?」と言われてお終いでしょう。

ここで、瀬戸市の中心部を流れる瀬戸川が、かつて白濁した汚い川だったという事実に注目してみましょう。瀬戸市周辺に住む一定年齢以上の人は実際に目にしていることですし、近辺では若い世代も聞いたことがある歴史です。また、その原因が陶磁器産業であることも、多くの人に知られています。ではなぜ、白濁した川が回復したのでしょうか。

これは、地域の環境再生という、普遍的で重要なテーマです。しかし、調べようとするとおそらく一筋縄にはいきません。関わりがありそうなものを挙げていくと、陶磁器産業の盛衰、汚水浄化技術の普及、観光業との関係、環境保護運動の広がり、住民運動、法令・行政施策と、枚挙にいとまがありません。さらには、河川の水量や源流となる丘陵地の植生といった自然環境についての知識も必要でしょう。

このように、複雑な要素が絡み合う地域の中で、引き起こされる現象を追究するのならば、要素の相互の関係をよく観察して整理し、総合的・統合的に理解することが求められます。これができる数少ない学問こそが、地誌学です。現代において、地誌学が面目躍如たる場面は、数多くあると思われます。

物事の空間的な広がりと偏りを知る

登山家のジョージ＝マロリーは、記者にエベレストに登る理由を尋ねられ、「そこに山があるから」と答えたことで知られています。私も、趣味で山に登る者として、とても共感できる言葉です。なぜって、山が好きな人は、目の前に格好いい山があれば、「ああ、登りたい」と思ってしまうものですからね。しかし、「では、なぜそこに山があるのですか？」と聞かれたなら、皆さんはどう答えますか？　地理学は、この質問に真正面から答えなくてはなりません。

どんな事象にも、「そこにある」のには理由があります。個々の事象を取り上げ、その分布を明らかにしたうえで、空間的な広がりや偏りの理由を追究するのが系統地理学です。

系統地理学の一分野である地形学の知見に基づけば、エベレストが「なぜそこにあるのか」は次のように説明されます。エベレストのあるヒマラヤ山脈は、ユーラシア大陸の大半を乗せるユーラシアプレートと、インド亜大陸を乗せるインドプレートが衝突してできたものです。二つの大きな岩盤がぶつかるので、海底の堆積物などが押し上げられ、巨大な山脈となったのです（第二章を参照）。山脈のかなり高い場所の地層から、貝の化石が見つかっているのがその証拠です。この例のように、系統地理学では地表面に分布する各事象に対して、個別のアプローチを行います。

系統地理学の研究は、一般に次のような手順で行われます。

まず、対象が「どこにあるか」を明らかにします。これにはいろいろな方法があります。最も基本的なのが、めぼしい場所を一生懸命歩いて見つけ、対象のある場所を記録していく**踏査**と言われる方法です。現在では、衛星画像や空中写真を使って、広域を一度に調べたり、出かけにくい場所の情報を得たりもできるようになりました。さらに、政府や自治体などが調べた統計資料が手に入りやすくなり、個人の力で得ることが難しかった膨大な分布情報も得られるようになりました。場合によっては、過去の分布を調べる目的で古い地図や文書《もんじょ》を読み解くこともありますし、コンピュータを使っていろいろな情報からシミュレーションした分布を分析対象とすることもあります。

調査するスケールは様々です。同じ「人の分布」でも、世界の人口分布を扱う場合もあれば、小さな公園で遊ぶ子どもの位置を扱う場合もあります。調べる目的によってどのようにでも変わるのです。私は、「箱庭の研究だ」と批判されながら、十数平方メートルに満たない小さな湿地の植生分布を調べたことがあります。もちろんこれも地理学の研究です。

こうして得られた「どこにあるか」の情報は、たいていの場合、地図上に整理されます。かつては紙の地図が使われましたが、現在ではＧＩＳ（Geographic Information System）と呼ばれるソフトウェアで電子的に処理することも増えました。この分布情報そのものが貴重な成果と言えますが、系統地理学ではここから先が大切です。「なぜそこにあるのか」を検討するのです。

そのスタートは、地図に落とした分布をじっくりと見ることです。何か規則がありそうであれば、それを探します。標高による違いはあるか？　土地利用による違いはあるか？　はたまた都市からの距離によって違いが生じているか？　もちろんこうした仮説は最初から立てることもありますが、調査前にまったく分布の様子がわからない場合は、あとで検討することもあります。いずれにしても、調査をした際の五感（現場の状況を目や耳や肌などで感じ取ること）が大きなヒントになります。地理学で大切なのは「足で稼ぐ」ことだとよく言われます。それは、そんな理由からでしょう。

関連しそうな事象の予測がつけば、それと重ね合わせた地図を作ります。一つだけではなくいくつも作りますし、統計的な計算を行い、客観的に関連を見ることもします。このようにして、「なぜそこにあるのか」を丁寧に説明してゆくのです。

それでは、「どこにあるか」「なぜそこにあるのか」を追究することに、どんな意義があるのでしょうか。

意義の第一は、自然や社会の成り立ちや仕組みの理解です。これは、ほかの社会科学や自然科学と変わるところはありません。直接社会に役立たない基礎的な成果であっても、人の知的好奇心を満たすことにつながり、それは豊かな学問の土壌を育みます。

意義の第二は、社会の要求に応えることです。わかりやすい例として、地下資源を挙げましょう。石油など有用な資源を得るには、当然「どこにあるか」を知らなくてはいけません。また、潜在的な分布を検討したり、埋蔵量を推測したりするには「なぜそこにあるのか」という仕組みを知っておく必要があるでしょう。もっとも、地下資源探査は専門分野が発達して、日本では地理学の手からほぼ離れています。しかし、たとえば地震を起こす活断層、援助を必要としている難民、保全の必要な希少動植物などが、どういった理由でどんな場所に存在しているかについては、今も地理学で研究されています。

地理学はコウモリか？

さて、系統地理学には自然地理学と人文地理学があることをお話ししました。では、自然地理学の研究者は自然環境のみを調べていて、人文地理学の研究者は社会環境ばかりに注意を払っているのでしょうか。

そうではありません。少なくとも、そうであってはいけません。自然地理学の多くの研究者は、人の生活の舞台として自然を見ています。そのような視点に基づいて、自然地理学では、防災に関する研究や気候変動に関する研究が盛んです。また、人文地理学においても、社会に影響を及ぼす重要な要素として、自然環境を意識しています。たとえば、農業の分布は地域の気候との関わりから論じられますし、集落の立地は地形との関わりから検討されます。誤解を恐れずに言えば、自然地理学と人文地理学の違いは、メインで見ている対象が、自然であるか、人の社会であるかといった表面的な点にすぎません。それらが「どこにあるか」「なぜそこにあるか」を調べるアプローチはまったく同じですし、いずれであっても、自然と社会の両方に目を配る必要があるのです。

皆さんは、「あなたは理系人間だ」とか「文系の考え方をする人だ」とか言われたことはありませんか。残念ながら日本では、教育課程や入試制度によって、理系か文系かに分かれることを若いときから強いられ、就職してからも理系の職種・文系の職業などと分けられます。こんな社会に育てば、人・教科・職業・学問分野、そのほかありとあらゆるものを文系・理系に分けて考えてしまいがちです。しかし、地理学は、どちらかに分けることはできません。

そんなことから、日本の大学教育における地理学の位置づけは少々複雑です。教養課程や教職課程は別として、地理学科や地理学教室が文学部をはじめとした文系学部にある場合と、理学部をはじめとした理系学部にある場合とがあります。なかなかおさまりのよい所属先（学部等）がないので、このように分かれているわけです。しかし、たいていの場合、いずれでも自然地理学と人文地理学が学べます。私は文学部地理学教室の出身ですが、自然地理学の分野である地形学を研究している教員や先輩学生が周りに多くいました。

こうした地理学の置かれた状況を、鳥のグループからは毛皮があるから仲間ではないと撥ね出され、獣のグループからは翼があるから仲間ではないと締め出されたコウモリのように感じる人がいるかもしれません。私もそう感じた時期がありました。しかし、このような発想もできます。コウモリは、なりふりを構わなければ、鳥とも獣とも一緒に行動することが可能で、両者の視点を兼ね備える数少ない存在でもあるわけです。つまり、地理学には「人（社会）と自然の両方を見て、その関わりをつぶさに検討する」という独特のアプローチをとることができる、どこにも負けない強みがあるのです。

この視点は、どんな時代であっても欠くことのできないものだと感じます。先に挙げた防災や環境問題といった個別の問題への対応においては、もちろんです。さらには、国際レベルでも、国家レベルでも、家庭の経営といったレベルでもそうですが、もっと広く「よりよい暮らしを築いていく」こと一般を考えたときにも必要です。考えてみれば当たり前のことですが、暮らしを持続させるには、それを取り巻く社会・自然両面の環境との関わりに否応なく目を配らなくてはいけません。当然、各要素に関する専門分野はあるわけですが、それを統合し、コーディネートし、わかりやすい形で関係性を示し、よりよい暮らしのために何らかのヒントを与えるのが地理学なのです。

3 地理学のたどってきた道

大航海時代まで

私たち人類は、遠い昔、アフリカ大陸の一角に生まれました。その後、十何万年もかけて世界中のあらゆる地域へ進出しました。その旅路には、高い山がそびえる山地もあれば、ぐるりと地平線が見渡せるような広大な平原もあったことでしょう。また、汗だくになるような暑い場所もあれば、凍えるような寒い場所もあったことでしょう。長い旅路の果てに、人類は全陸地のおよそ九割を居住地（**エクメーネ**と言う）としました。これだけの範囲を分布域とする高等生物は、ほかにありません。人類はまた、拡散の過程で、環境に適応するために多様な形質（生物学的な特徴）を獲得するとともに、場所ごとに異なる豊かな文化も生み出しました。これも、人類がほかの生物と大いに異なる点です。

対して、一人の人間にとっての世界は、実にちっぽけなものです。買い物・勉強や仕事・ちょっとした週末のレジャーなどを含めて、一般の人が日常生活で移動するのは、せいぜい数十キロ四方の範囲にすぎません。実際に目で見て、肌で触れることのできる世界は、一・五億平方キロメートルもの地球の陸地面積からすれば、針の先のようなものです。

しかし、現代の私たちは、発達したマスコミの力を借りて、断片的にせよ、生活圏外のことを知ることができます。また、金銭や時間に糸目をつけなければ、世界のたいていの場所に足を運ぶことも可能です。しかし、生活圏の外の情報がほとんど入ってこない時代に生きていたとしたら、どうでしょうか。有益で魅力的な情報が生活圏の外にあるかもしれないと考えるかもしれません。さらには、自ら情報を集めて整理しようとするかもしれません。

この「自分たちが知らない世界を知りたい、情報を集め整理したい」という、人類に普遍的な心の動きこそが、地理学を生み出した原動力です。古代ギリシアや古代ローマには、実際に、その心の動きのままに行動し、各地の記録を後世に残る書物の中に残した人がいました。たとえば、最古の地理書と言われる『ペリエゲーシス』を著した**ヘカタイオス**（紀元前五五〇〜四七六）や、『歴史』の中でエジプトからバビロニアまでの地域の特色を記録した**ヘロドトス**（紀元前四八五〜四二〇）です。

また、世界を知るためには、それを示す地図が必要です。地図に関する知識も、古代ギリシア・古代ローマの時代にずいぶんと蓄積されました。地球が球体であるという説は、紀元前四世紀頃にはすでに唱えられるようになっていましたが、まだ大きさはわかりませんでした。そこで、**エラトステネス**（紀元前二七五〜一九四）は、緯度による太陽の南中

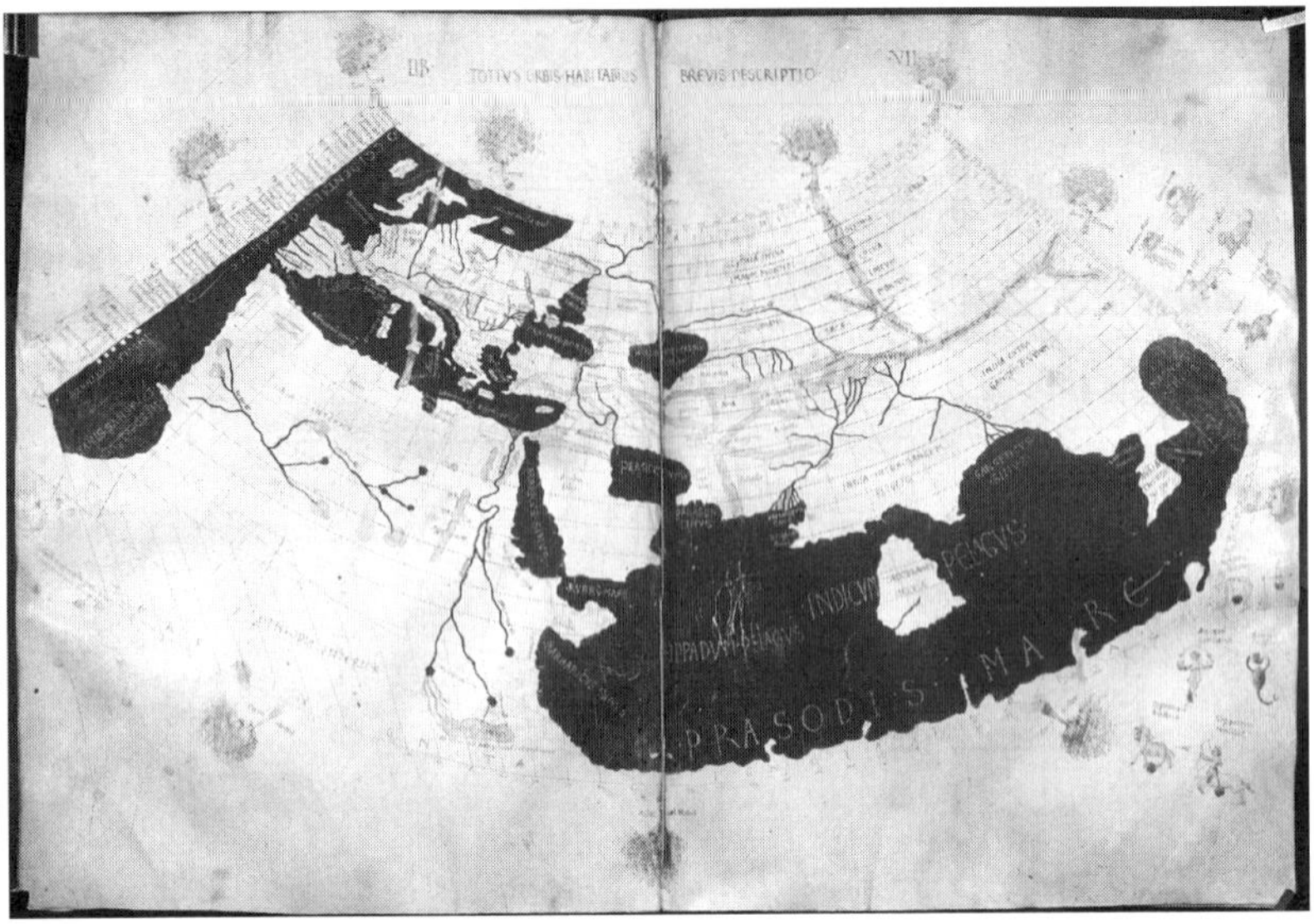

図 1-4　プトレマイオスの世界地図

残念なことに、プトレマイオス本人による原本は失われています。これは彼が著した『地理学』という書物に基づいて、15 世紀にヨーロッパで再現されたものです。

高度の違いを利用して、地球の円周を計算しました。また、**プトレマイオス**（八三～一六八頃）は星座の観測に基づいて、アフリカ沖のカナリア諸島から中国付近に至る、緯度経度入りの地図を作成しました（図1－4）。もちろん、現代の地図と比べれば不正確な点も多いのですが、情報網も交通機関も整備されていない時代に、よくこれだけの地図を作成したものだと驚かされます。

　プトレマイオスの世界地図がそうであるように、ヨーロッパでは長い間、世界はヨーロッパ・アジア・アフリカの三つの部分からなると理解されていました。中世にはこれを非常に簡略化した**TOマップ**なるものが作られます。この地図は、世界を示す円盤をT字型に分割し、半円部をアジアに、残りをヨーロッパとアフリカに割り振っています。この三つの部分の交点、すなわち世界の中心に鎮座するのが聖地エルサレムです。このことから、この地図はキリスト教の思想を著した地図とも理解できます。ちなみにこの頃、東洋社会でも仏教の世界観と現実の世界を融合させたような、インド中心の世界を描いた地図が作られています。このように地図は、思想の世界を表現する手段としても使われました。

世界地図に南北アメリカ大陸が加わるのは、**大航海時代**を待たなければなりません。この時代の地理的発見については、ここでは簡単に触れるにとどめますが、**コロンブス**（一四五一～一五〇六）による北米大陸付近への到達、**ヴァスコ＝ダ＝ガマ**（一四六九～一五二四）によるインド航路の発見、**マゼラン**（マガリャンイス）（一四八〇～一五二一）による世界一周などは特に著名な成果と言えるでしょう。こうした活動によって、改めて古代の測量成果が見直され、より正確な世界地図が描かれるようになりました。ただし、オーストラリア大陸が西欧社会に知られるようになるのは、大航海時代からやや遅れた十七世紀から十八世紀頃、現実の大陸として南極大陸が発見されるのは、十九世紀になってからです。

大航海時代は、まさに「自分たちが知らない世界を知りたい」という古くからの人の活動の延長にあり、このために、世界の把握が大きく進んだと言えます。一方で、その後の不幸な植民地支配の歴史のスタートでもあることを忘れてはいけません。大航海時代にヨーロッパ人たちが到達した場所は、もともとそこに住んでいた人たちが、ずっと以前に「発見」していた場所だということも、地理学を学ぶうえで知っておくべきでしょう。

現代まで

さて、大航海時代までの地理学は、「知り得た場所や地域の事柄をひたすら記載してゆく」というものでした。それは、地理学の基本的かつ重要な活動です。しかし、時代は次第に、記載するだけの活動を学問として認めなくなっていきます。

データに基づいて、原理や法則を追究する活動を近代科学と言います。ニュートン（一六四二〜一七二七）が基礎を築いた物理学がそのモデルとなっていますが、大航海時代からしばらくすると、地理学も、近代科学への脱皮が求められるようになりました。つまり、各地の事象を記載するだけではなく、それがどのような規則で分布しているのか、その規則はどのような理論で説明できるのか、といったように、場所・地域による差異を一般化・法則化することが重要視されるようになったのです。

こうした近代科学としての地理学を切り開いた先人として、**アレクサンダー＝フォン＝フンボルト**（一七六九〜一八五九）と**カール＝リッター**（一七七九〜一八五九）を挙げることができます。いずれもドイツの人物です。

子どもの頃から自然に親しんだフンボルトは、五〇歳を超えてから南米に探検に出かけます。彼は、先々で天体や河川、海流、動植物の調査を行いました。その業績は、「フンボルト海流」「フンボルトペンギン」などの名称に刻まれています。探検の成果を踏まえて著された『コスモス』の中で、彼は、気温などの自然条件を定量的に記載するとともに、それらと植生分布との関係を検討します。気候や植生が単に「こう分布している」ということを示すにとどまらず、その成り立ちを客観的に説明したのです。まさに、近代科学の態度に則った著作であり、その意味で彼は「近代地理学の祖」と呼ばれています。ちなみに、人と自然環境の関わりについても考察しており、先に紹介した「エクメーネ（人間が居住する範囲）」を地理学用語として導入したのも彼です。

リッターは、フンボルトから影響を受けて地理学に興味を持ち、世界初の大学地理学講座の教員として、近代地理学の確立に大きな役割を果たした人物です。彼は、フンボルトのように世界を旅したわけではありませんが、ヨーロッパの各地を訪ね、さらに多くの書籍も参考にして『一般比較地理学』を著します。その中で、様々な土地の自然条件と人類集団の歴史の関係を検討し、客観的な法則を見出そうとした点で、フンボルトと並んで「近代地理学の祖」としての評価を受けています。

このように、十八世紀から十九世紀にかけて、地理学は近代科学として脱皮します。コンピュータの発達した二十世紀には、**計量革命**と呼ばれる、大量の統計データから地理学的法則を見出そうとする動きも出てくるようになります。しかし、地理学のすべてが近代科学の枠組みに入ったわけではありません。地域の記載こそが地理学の基本であるとする立場も根強く残りました。ここが、地理学の学問としての面白いところです。博物学的な側面を残しつつ、客観的な分析手法も使われるという点は、学問としての体をなしていない、八方破れだという批判も受けがちです。しかし私は、様々な姿をとって私たちの前に現れる、地域や場所に関する無数の「知」を余すことなく捉えて整理するためには、この状態こそ優れているのではと考えています。

コラム1

地理学・地図に関するQ&A

Q 自然地理学は、いわゆる「地学」とどう違うのですか？

A 高校の教科などにある「地学」は、地球についての研究を行う地球科学のことを指します。その中には、気象学・地質学・地震学・海洋学など、自然地理学に近接した分野も含まれています。自然地理学を、こうした地学（地球科学）が内包する一連の分野として捉える見方もあります。ただ、地球科学は純粋なナチュラル・サイエンス（自然科学）であり、あくまでも自然現象の仕組みを解き明かすことに重点を置いています。一方、自然地理学は、「人間の生活の舞台としての地表」を意識する、人文・社会科学に近い側面も持っています。自然地理学は、地球科学の諸分野から多くの知見を導入し、それらを総合して人と自然の関わりを追究する、総合科学であると考えるのが妥当ではないでしょうか。

Q ほかの惑星（たとえば火星など）の表面を研究しても地理学になりますか？

A 地理学は、今のところ、人間の住む地球表面を対象とした科学です。しかし、地理学で培われてきた測量技術や自然現象への知見は、ほかの惑星を研究するときにも役立つことがあるでしょう。現在、惑星の成り立ちや特色を研究している学問は、天文学の一分野と位置づけられる惑星科学ですが、将来、人間が地球外の惑星に移り住み、生活を始めるならば、惑星地理学という分野が出てくるかもしれませんね。

Q 自然地理学とか人文地理学といった区別は果たして必要なのでしょうか。学問がやたらと細分化されているのは、学者のエゴのなせる業としか思えません。

A 世の中の事象は、複雑に絡みあって存在しています。ですから、切り離した一部を研究しても知るべき全体を把握できないという主張はよくわかります。しかし、世の中にあるいろいろな事象を十分に理解するためには、それらを分類・整理して、一つひとつを分析的に詳しく見ていくことも必要です。自然のもの、人文のもの、自然の中には、地形・気候……というように。大切なのは、研究者が細分化された狭い分野の分析だけでは世界が見えないことを理解して、ほかの分野への眼差しを持つことだと思います。地理学は、その橋渡しができる可能性に満ちた分野です。

Q 地理学にはたくさんの学習すべき事柄がありますが、何度勉強しても理解が深まらず、疑問が残ってしまいます。どうしたらよいのでしょうか。

A 確かに、言葉と、二次元の図や写真だけでは理解しにくい内容もあるかもしれません。一番いいのは、実際に現場に出かけることです。学んだ対象（気候・地形・植生・人々の行動や文化など）を何度も見ることで、自然に理解が深まります。私も、いろいろな場所で何度も実例を見ることで、少しずつ理解していきました。わざわざ勉強のために出かけなくてもいいのです。観光旅行に行くときに、おいしいお店やレジャー施設のことだけでなく、その土地の自然や文化をちょこっと予習しておくと、観光と同時に勉強もすることができますよ。

Q プトレマイオスの地図はかなり正確に見えますが、どうやって作ったのでしょうか。

A 具体的にどう作ったかはわかりませんが、プトレマイオスが博識だったからできたのではないかと思います。当時の学者は、一人で何でもやりました。彼は当時すでにあった天動説をより精緻にするといった天文学や数学の研究も行いました。音楽の研究もしたそうです。天文学の知識は、地球の緯度や経度を測るのに欠かせませんでしたし、様々な研究をするには多くの文献を読まなくてはなりません。そうした幅広い知識があって、初めて正確な地図を作ることができたのだと思います。でも、ヨーロッパ人の知らない地域（アジアやアメリカ、アフリカの南部、オセアニアなど）は地図には表れていません。また、地球の大きさを小さめに計算しているそうです。当時の情報には、やはり限界があったようです。

Q 伊能忠敬は、なぜ海岸線を歩いただけで正確な地図を作ることができたのですか？

A もちろん、歩いて観察するだけでは地図はできません。海岸線を細かく区切り、各部分の距離や角度を細かく測量していったのです。さらに、ところどころの地点から、遠くからでも見ることのできる山頂との角度を測り、位置の確認をしていました。

Q 世界地図を見ると、日本が世界の真ん中にあるのはなぜですか？

A それは、日本で作られた世界地図だからです。インターネットで、「世界地図」と画像検索すると日本が中心の地図がたくさん出てきますが、「world map」と検索すると、ヨーロッパ中心の地図が多く出てきます。これは、自分の住んでいるところを中心にしたほうが、直感的に世界を把握しやすいからでしょう。ちなみに、ヨーロッパを中心にした世界地図では、日本は東の端に位置することになります。極東という言葉は、こうしたイメージから生まれたのです。

Q なぜ、地図では北を上にするという決まりになっているのですか?

A 当たり前すぎて、なかなか気づかない疑問ですね。諸説あってはっきりしませんが、私が納得のゆく説としては、方位を決める際に重要な役割を果たすもの（羅針盤の針や北極星等）の多くが北を基準にしているので、地図とそれらを合わせて見る際に、北が上の方が都合がよかったというものです。ただし、時代や地域によっては、方位の基準は必ずしも北ではありませんでした。古代中国では常に南を指すように機械仕掛けを施した車があり、行軍に使用していたとのことです。ちなみにこの習慣は、「指南」という熟語として、化石のように現代に伝わっています。

Q 地理学のフィールドワークは、通常どれくらいの時間・労力・費用がかかるものですか?

A 一概には言えません。当然、対象とする地域によって異なりますし、調査内容によっても異なります。たとえば、自宅や職場（あるいは学校）の近くで、地図やフィールドノートに記録していくだけの場合は、日帰りでほとんど費用はかからないでしょう。他方、ヒマラヤやアマゾンといった海外の辺境に何十人というポーターを雇って行く場合は、数か月（場合によっては数年）に及び、何百万円という資金が必要になることもあります。地理学を専攻する大学生が卒論を書くケースを考えると、多くの場合が自腹で、1年以内という限られた期間に調査を行い、論文を仕上げなければいけません。この場合、労力は本人一人〜手伝いを含めた数人、費用は（機材などは大学にあるものを使ったとして）数万円というところが一般的ではないでしょうか。私もその一人でしたが、地理学を学ぶ学生は、こうした調査費用を捻出するために、様々なアルバイトに励んでいます。

第2章

旅先の景色を読み解く

1

なぜ、日本人は米を食べているの？

パンとご飯の違いをもたらすもの

皆さんは、今日お米を食べましたか？　私は毎朝お米を食べています。最近は、パンやシリアルを好む人も多くなっていますが、私は、湯気の立つ炊き立てのご飯を前にしたときに幸せを感じます。

なぜ、日本人の主食はお米なのでしょうか。はたまた、ヨーロッパの人々が伝統的にパンを食するのはなぜでしょうか。細々した理屈はありますが、おおもとにあるのは、それぞれの地域の**気候**が、原料となる植物（イネ・コムギ）の生育に適しているからと言って間違いないでしょう。

イネもコムギも、アジアに生まれたイネ科の草本植物です。しかし、イネは高温湿潤な東～東南アジア原産であり、コムギは比較的冷涼で乾燥した西アジア原産です。もし身近に栽培している場所があれば、見てみるとさらに違いを理解できます。イネは、気温が上がった四月頃種まきし、夏を通して人工的な湿地（水田）で育てます（図2－1）。コムギは、

図 2-1　初夏に水田に植えられたイネ（2008.5、愛知県半田市）

気温が下がる十一月頃種まきし、冬を通して乾燥した畑で育てます。初冬の風物を謡った唱歌「冬景色」の中に「人は畑に麦を踏む」という一節がありますね。あれは、発芽してある程度育ったコムギを踏み、分けつ（株が大きくなり穂がたくさん出る）を促しているのです（図２―２）。

こんな特徴から、イネは温暖湿潤な南アジアから東アジアにかけて広まり、コムギは気温が低く乾燥したヨーロッパを中心に広まったというわけです。日本でもコムギの生産が盛んだった時代がありますが、イネの裏作として利用されていました。栽培サイクルがいずれも半年でちょうどよかったのです。しかし、収穫期は梅雨の頃です。日本の気候に最適な作物とは言い難い。大量生産可能な海外から、安いコムギがどっ

図 2-2　冬を越して分けつしたコムギ（2015.3、神奈川県横浜市）

と入ってきたこともあって、日本でのコムギ栽培は下火になりました。

この一例を見ればわかるように、気候は、地域の文化を大きく左右する重要な要因になっています。気候の多様性が、文化の多様性を生んでいるとも言えるでしょう。気候を理解することは、世界の多様な暮らしを理解することにもつながるのです。

気候とは何だろう

気候のお話をする前に、踏まえてほしいことがあります。「気候の話です」と言うと、「気象について説明を聞くんだ」とつい思ってしまう人がよくいるのです。ですが、気候と気象は、ちょっと違います。

確かに、どちらも大気の状況を示します。私たちは普段、「晴れて蒸し暑いですね」

というように空模様を話題にしますね。でも、この状態はずっと続くわけではありません。今は晴れていても、夕方にざっと雨が降るかもしれないのです。ざっくりと言えば、こうした一時一時の大気現象を、気象と言うのです。

しかし、毎日欠かさず気象の記録をとってみると、どうやらこの時期は雨のほうが多い、などということがわかってきます。別の地方で同じことをやってみると、同じ時期なのに、今度は晴れのほうが多いこともあるでしょう。このように、長い期間気象を調べると、その場所の大気の特徴（あるいは平均的な状態）が見えてきます。これが気候です。

わかりにくいと感じる人は、人の行動に例えてみるとよいでしょう。人は、泣いて笑い、そして時には怒り、その時々の感情を顔に表します。これは気象に相当します。しかし、いくらか時間をかけて付き合うと、この人は、泣くことの多い「泣き虫さん」だ、怒ることの多い「怒りん坊」だ、などということがわかってきます。これは、長い期間を通じて見たときのその人の特徴を示しているわけで、「気候」に相当します。

気象と気候には、もう一つ大きな違いがあります。気象は普遍的な大気の物理現象です。ある条件が揃えば、世界のどこでも同じように雨が降り、どこでも突風が吹きます。どんな人でも、悲しいときは泣き、腹の立つときは怒るようなものです。方、気候は地域固有の大気の状況です。つまり、場所によってまちまちであるということです。そんなことから、気候を明らかにする気候学は、地理学の重要な一分野として発展してきました。

なぜ赤道付近は暑いのか？

世界に様々な気候があることは、皆さんご承知でしょう。寒い地方、暑い地方、風のよく吹く地方に、雪のよく降る地方。こうした差異は、どうして生まれるのでしょうか。それでは、この理由を解き明かしていきましょう。

昼間、私たちを空の彼方から照らしているのは太陽です。冬でも陽だまりに出るとポカポカと暖かく、周りの地面もほんのりと温もりを帯びています。気候の変化のおおもとは、この太陽のエネルギーです。気温だけではありません。あとで説明するように、雨が降ることも、風が吹くことも、太陽のエネルギーが引き起こします。

私たちが、太陽のエネルギーを一番意識するのは、日中と夜間の気温差でしょう。どの季節でも、夜間は太陽が当たらないためほとんどの場合、気温は上がりません。日中は暖かくなります。

同じ日中でも、朝・夕は涼しく、気温がピークを示すのは昼です。これはなぜか、実験で考えてみましょう。同じ皿を二枚用意して、同じ分量だけ水を張っておくことにします。片方は、まっすぐに熱が伝わるようにした熱源を、皿に対して垂直に設置します。もう片方は、同じサイズ・出力方式の熱源を、先ほどと同じ距離に、でもいくらか傾けて設置します。すると、垂直に設置した熱源の下にある皿のほうが、早く温まります（図2－3）。なぜだかわかりますか。

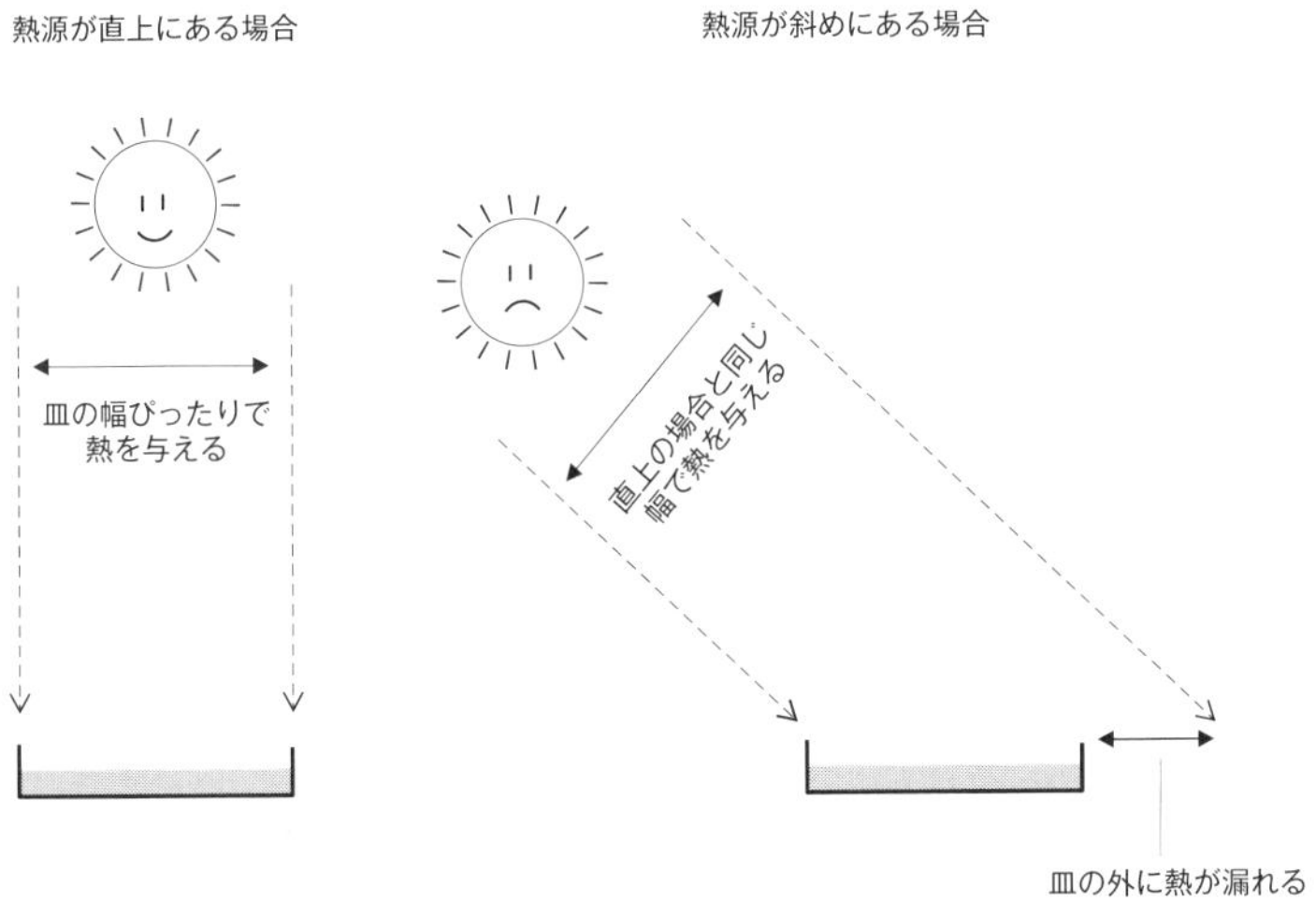

図 2-3　日射角度による地表の温まり方の違い

熱と同時に、真っ直ぐに光を出す仕組みにすると理解しやすいかもしれません。前者は光がそのまま皿に当たるのに対し、後者は皿を超えて光が引き延ばされます。熱も同じで、斜めからでは拡散してしまい、面積当たりに到達するエネルギー量が減ってしまうのです。朝夕、日が出ているのに気温が低いのは、こうした理由からです。

さて、地球は球体で、熱源の太陽は、はるか遠くから照らしています。今、地軸（北極と南極を結んだ線）が太陽の光の差す向きと垂直だったとすると、各地で太陽はどこまで高く昇るでしょうか。赤道では真上（天頂）に太陽が来ますね。一方、北極点や南極点では、地平線に太陽が重なります。太陽は、この場所では一日かけて地平線をぐるりと一周します。赤道付近（低緯度地方）が総じて暑く、北極・南極付近

（高緯度地方）が総じて寒いのは、こうした理由です。

実際に、地軸が太陽の光の差す向きと垂直になるのは、春分と秋分の年二回しかありません。なぜなら、地軸は公転面に対して二三・四度ほど傾いているからです。これが季節の生まれる理由です。仮に北半球のどこかに地球の顔があるとしたら、北半球が冬のとき、太陽にそっぽを向けた状態になっています。日射の角度は浅くなり、エネルギーを貰いにくい状態になるのです。一方、北半球が夏のときは、太陽に向かって深々とお辞儀をしたような状態になっています。日射の角度は深くなり、より多くのエネルギーを太陽から貰えます。先島諸島のような、北緯二三度付近では、夏至（最も太陽に向けて傾いたとき）の昼、太陽がほぼ真上に来ます。

北極・南極に白夜（終日昼の状態）・極夜（終日夜の状態）があるのも、このことからわかりますね。日本でも、稚内（北緯四五度）あたりになると、夏至には午前三時過ぎには空が明るくなりはじめ、夜は八時頃まで明るさが残っているそうです。

少しややこしい話になってしまったのでまとめましょう。地球上で太陽のエネルギーを最も貰えるのは赤道付近（低緯度地方）。したがって、暑くなる。逆に、太陽のエネルギーを得にくいのが北極・南極付近（高緯度地方）。つまりは寒くなる。このように、地球の気候は、大きく見れば緯度に平行な方向で揃っており、緯度が変わると変化すると考えればよいのです。よく言われる、熱帯・亜熱帯・温帯・亜寒帯・寒帯という大きなくくりの気候区分は、まさにこのことを表現したものです。

風神を操るのはお天道様

太陽のエネルギーは、気温だけでなく降水（雨など）や風にも影響を与えます。ですから、これらも大きく見れば、緯度方向に変化しているといってよいでしょう。

初めに、降水と太陽エネルギーの関係を見てみましょう。地球の表面の七割は海です。ごく単純に言えば、この海の水が蒸発して上空へ昇り、冷やされて再び地表面（海とは限りません）に降ってくるのが降水です。ではなぜ、海の水は蒸発するのでしょうか。それは、太陽のエネルギーによって海水が温められるからです。暖かいほど水がよく蒸発するのは知っていますね。冬より夏に洗濯物が早く乾くのと同じ理屈です。ですから、総じて低緯度では降水量が多く、高緯度へ向かうと降水量は減ってゆく傾向があります。日本でも、降水量は緯度によって歴然とした差があります。年降水量の平年値を見てみると、那覇は二〇四〇・八ミリメートル、東京は一五二八・八ミリメートル、札幌は一一〇六・五ミリメートルといった具合です。

次に、風についても見てゆきましょう（図２－４）。風とは、ずばり空気の移動です。つまり、太陽のエネルギーが与えられることで、空気がどのように移動するかを考えればよいのです。熱気球を思い浮かべてもらえればわかるように、暖かい空気は軽くなり、上空

図 2-4　風のエネルギーを利用する風力発電（2012.2、静岡県御前崎市）

へ昇っていく性質があります。これを**上昇気流**と言います。では、上昇気流の起こっているところでは、空気がどんどん上空へ移動してしまい、地表に暮らす人々は酸欠になってしまうのでしょうか。そんなことはありませんね。上空へ移動した空気を補うように、周りから空気が集まってくるのです。要するに、暖かい場所には風が吹き寄せます。

赤道付近では、豊富な太陽エネルギーが与えられるため、盛んに上昇気流が起こっています。そして、周囲から常に風が吹き込んでいます。これを**貿易風**と言います。この風は、赤道めがけて垂直に吹いてくるのではなく、地球の自転の影響を受けて東寄りに吹いています。

日本に黄砂が飛んでくるわけ

風に触れたついでに、**偏西風**についても解説しておきましょう。偏西風は、貿易風と同じ恒常風（年間を通して同じ方向に吹く風）ですが、二つの点で異なります。まず、貿易風は低緯度地方で起こる風ですが、偏西風は日本付近を含めた中緯度地方で起こる風です。また、貿易風とは逆方向、低緯度から高緯度に向けて吹く風で、やはり自転の影響で西寄りに吹いています。

なぜ偏西風が生じるのでしょうか。実は、地球には赤道付近のほかに、緯度六〇度付近（南北とも）にも上昇気流が生じるエリアがあるのです。ここは、より北方の冷たい空気と、より南方の暖かい空気が出会う場所となっています。暖かい空気が冷たい空気の上にのし上がることで、上昇気流が生まれています。やはり、上空へ移動していった空気を補うように、地表では周りから空気が吹き寄せられています。この風（厳密には、この風のうち南側のもの）が偏西風なのです。

さて、偏西風は日本に住む私たちの暮らしに大きな影響を与えています。よく天気は西から変わると言いますね。実際に、テレビの天気予報で雲の動きを見ても、西から東に動いていることがわかります。この原因こそ、偏西風なのです。春になって大陸から**黄砂**が飛んでくるのも（図２－５）、太平洋戦争の際、日本軍が風下に当たるアメリカ本土に向けて風船爆弾を飛ばしたのも、この偏西風があるからです。もちろん、兵器をこの風に乗せ

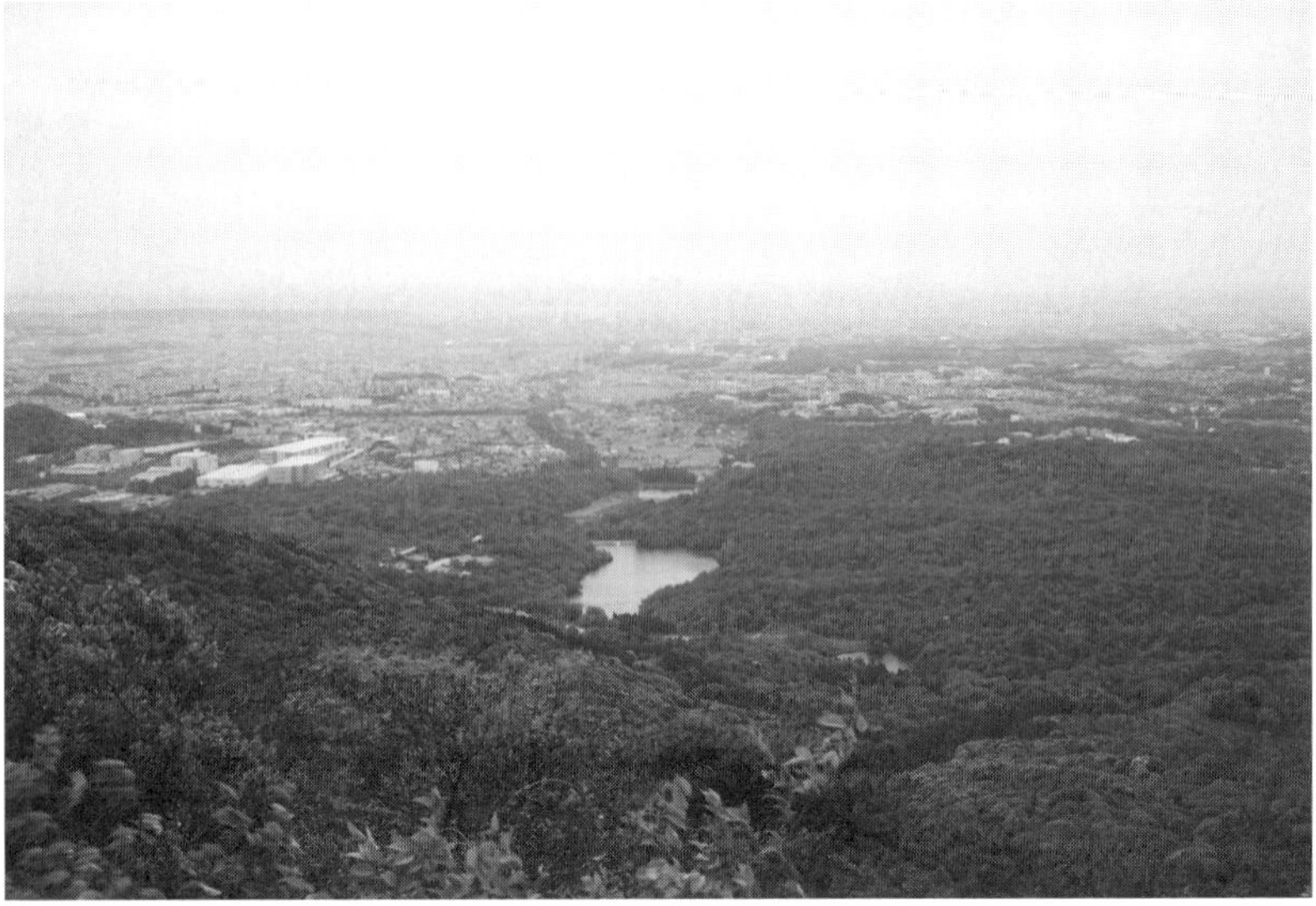
図 2-5　黄砂によりかすんだ景色（2017.5、愛知県春日井市・岐阜県多治見市）

るのはいただけません。偏西風には、友情を運ぶ熱気球などを乗せたいものですね。

砂漠の集中する緯度帯

最後に、先に紹介した二つの上昇気流の見られる場所（それぞれ、**赤道低圧帯・高緯度低圧帯**と呼ばれます）に挟まれたエリアにも触れておきましょう。緯度にして南北三〇度付近一帯のことで、中緯度高圧帯と呼ばれています。ここでは、両低圧帯で上空に昇った空気が下りてくる現象が見られます。上昇気流とは逆の、**下降気流**です。

さて、雨がどうして降るのか、思い出してみてください。降水は、水蒸気を多く含んだ空気が、上空に昇り、冷やされることで引き起こされるのでしたね。ですから、空気が上空に行かない下降気流のある場所では、基本的に雨雲はできません。雨が降らず、乾燥したエリアになるのです。

もしお手元に世界地図があれば、北緯三〇度付近と南緯三〇度付近を眺めてみてください。北緯三〇度付近にはサハラ砂漠、中東や中央アジアの乾燥地帯、メキシコの乾燥地帯などが並びます。南緯三〇度付近には、アフリカ南部のカラハリ砂漠、オーストラリア内陸部の乾燥地帯、南アメリカの乾性パンパ（乾燥した草原地帯）などが見られます。見事に雨の降らない緯度帯だということがわかるでしょう。

「あれ、沖縄も北緯三〇度あたりにあるけれど、多雨な地方ではなかったっけ？」と思った方、いいところに目が行きました。沖縄が乾燥地帯などという話は聞いたことがありませんね。この理由は、次の節で明らかにしましょう。

2

沖縄は大阪より涼しいって本当？

沖縄の夏は涼しい？

と、いうわけで沖縄の話です。「夏休みには沖縄に遊びに行くんだ」という友人に、「暑い時期に暑い場所に行くなんてそりゃまたご苦労なことで」と、やっかみ半分に言った経験はありませんか。でも、待ってください。実は、沖縄の夏ってそんなに暑くないのです。

那覇の気温の平年値を、東京・名古屋・大阪と比べてみましょう。ちなみに、**平年値**とは三〇年間の観測値を平均したもので、その場所の気候を代表する値として使われます。平年値は一〇年ごとに更新されますので、この本を執筆している二〇一七年現在では、一九八一年から二〇一〇年までが統計期間です。

さて、那覇の八月の平均気温（平年値、以下同）は二八・七℃です。東京は二六・二℃、名古屋は二七・八℃、大阪は二八・八℃です。誤差を考えれば、ほぼ同じくらいといったところでしょう。今度は、同じ月の日最高気温を見てみましょう。日中の一番暑い時間の気温です。那覇が三一・五℃であるのに対して、東京は三〇・八℃、名古屋は三二・八℃、

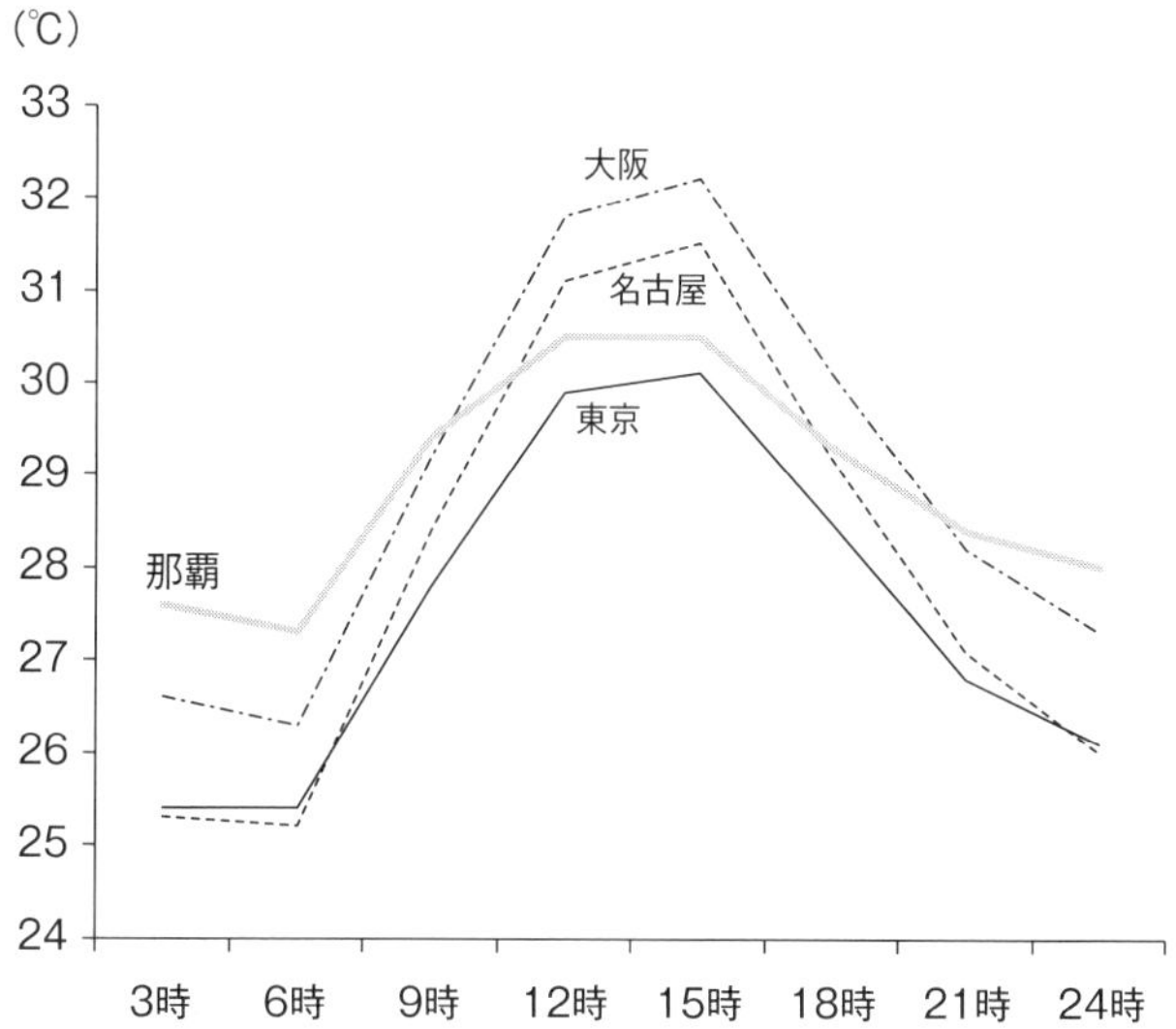

図 2-6　東京・名古屋・大阪・那覇における８月１日の気温変化（平年値）
〈気象庁観測データに基づいて作成〉

大阪は三三・四℃です。東京の観測地点が皇居の森に近い比較的涼しい場所にあることを考慮すると、那覇の昼下がりは、本州太平洋側の諸都市と比べて、少なくとも気温の面からは、幾分過ごしやすいとさえ言えるのではないでしょうか（図2－6）。

実際に、まだ暑い九月上旬の沖縄（本島の北にある伊是名《いぜな》島という小さな島）に滞在したことがあります（図2－7）。バナナやパパイヤが生育する野外に出ると、湿度が高く、じんわりと暑さに包まれます。しかし、どこか快適です。まずもって、夏の都会の街中に満ちている、殺気立った暑さのようなものは感じません。自然に囲まれていることと、旅先の解放感がそう感じさせている側面はあるのでしょうが。

あれ、低緯度のほうが涼しいなんて、前

図 2-7　昼間はさほど暑くない沖縄の島（2016.9、沖縄県伊是名村）

の節で説明した内容と矛盾しているではないか、と思われることでしょう。実は、気候は緯度だけでは決まりません。それ以外の様々な因子が複雑に影響し合って、気候は成り立っているのです。このことを知れば、前の節の最後に示した謎、「中緯度高圧帯付近にある沖縄が乾燥しない理由」も明らかになります。

気候要素と気候因子

気候の成り立ちを考えるために、もう少し分析的に見てみましょう。気候は、気温・降水量・風・湿度など、様々な要素から成り立っています。これらは、**気候要素**と呼ばれ、観測機器で直接測ることができます。一方、地域による気候の違いを生じさせる要因のことを**気候因子**と呼びます。

たとえば、先の節で挙げた緯度は、最も重要な気候因子です。しかし、気候因子はそれだけにとどまりません。

ほかに、どんなものがあるのでしょうか。まず、海陸分布が挙げられます。海に近いエリアと内陸では気候が異なるということであり、また、海と陸の存在が独特の気候を形成するということでもあります。さらに、海流も沿岸域の気候を変化させます。標高や地形も、重要な気候因子です。さあ、それぞれの気候因子が気候をどう変えるのか、順を追って見てゆきましょう。

海は気候をマイルドにさせる

ロシア極東の内陸に、オイミャコンという世界的に知られた村があります。人口が五〇〇人ほどの小さな村なのにこうも有名なのは、人の常住地の中で最も寒い場所だからです。オイミャコンでは、冬にはマイナス四〇℃以上まで気温が下がります。ちなみに、私たちが普段使う冷凍庫の温度は、マイナス一八℃程度。マイナス四〇℃では、焼酎や泡盛のような強いお酒もたいてい凍ってしまいます。想像もつかないほどの寒さですね（図２－８）。

一方、ノルウェーにはトロンハイムという港街があります。人口十七万人ほどの国内第三の都市です（日本の人口第三の都市・横浜が三七〇万人ですから、ノルウェーがいかに人口の少ない国かわかりますね）。ノルウェー王国の時代には首都だったこともあり、古

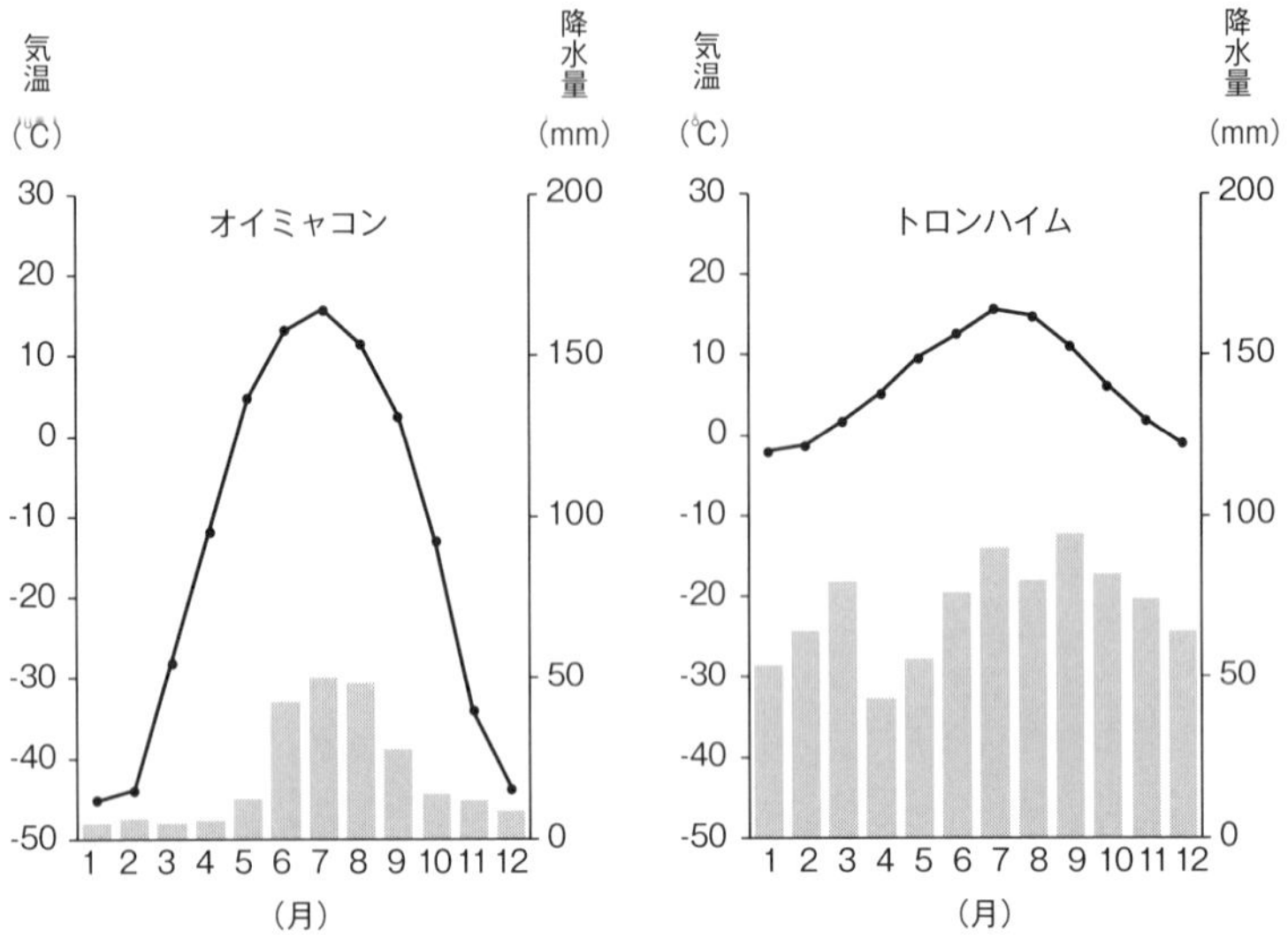

図 2-8　オイミャコンとトロンハイムの雨温図（2007 ～ 2016 年の平均）
〈気象庁「世界の天候データツール」より得た観測値に基づく〉

い寺院や建造物が多く残されているそうです。日本で言うと、京都や奈良に近いイメージでしょうか。ここは、冬も比較的温暖で、最も寒い月でもマイナス五℃程度にしか下がりません。厳冬期の札幌より暖かいくらいです。

さて、地域も気候もまったく異なる二つの土地を紹介しましたが、実は共通点が一つあります。何だかわかりますか？　それは、緯度です。オイミャコンもトロンハイムも、ほぼ同じ北緯六三度に位置しています。ちなみに、日本の札幌は北緯四三度で、二〇度も南です。

同じ緯度なのに、なぜこんなに気候が違うのでしょうか。それは、オイミャコンが内陸の村、トロンハイムは海に面した街だからです。海に面していると、極端に高温になったり、寒冷になったりすることはなく、気温変化はマイルドになるのです。

このことは、鍋に水を入れて、コンロの火にかけてみるとわかります。まもなく、鍋は手で触れられないくらい熱くなります。しかし、中の水はまだ生ぬるい。沸くまでには、しばらく時間がかかります。冷めるときは逆です。沸いた湯を別の容器に移して鍋を放っておくと、移した湯がまだ温かいうちに鍋は冷えてしまいます。これは、水が温まりにくく、冷めにくい性質を持っているからです（比熱が高い）。同じように、海の水もそう簡単に熱くなったり冷えたりしません。一方で、陸地はすぐに熱くなり、すぐに冷えてしまいます。海や陸地の温度は、それらに接している大気の温度に影響しますから、こんなことが起こるのです。

本当に、気温変化がマイルドになっているのかを検証するために、両方の土地の夏の気温も比べてみましょう。オイミャコンは夏、そこそこ気温が上がります。冬の寒さはどこへやら、昼間晴れていれば、汗ばむほどになります。二〇一六年までの一〇年間の最暖月平均最高気温は二三・三℃でした。そんなことですから、年間の気温差はとてつもないことになります。最寒月と最暖月の平均気温の差は六〇℃に迫ります。一方、トロンハイムでは、最暖月の平均最高気温は二〇℃をやっと超える程度。わずかではありますが、夏は逆転してオイミャコンのほうが気温が高いのです。

さて、オイミャコンとトロンハイムの関係は、先に挙げた大阪・名古屋と那覇の関係に似ています。那覇は四方を海に囲まれた小さな島にあります。したがって、海の影響を非常に強く受けており、日差しの強い夏の昼でもそこまで気温が上がらないのです。大阪・名古屋も海に面しており、気候は海洋性の色彩を帯びています。けれども、周囲にまとまった陸地が存在しているので、海に囲まれた那覇と比べたときには、内陸的な傾向が見えるのです。

毎年夏になると、埼玉県の熊谷市や、岐阜県の多治見市で、四〇℃近い気温を記録して話題になります。いずれも内陸で、さらに空気が停滞しやすい盆地です。ここまでの説明から、これらの都市の気温がいかに上がりやすいかわかるのではないでしょうか。

北風小僧は暖かい海を目指して

気候に与える海の効果は、さらに二つほどあります。

一つは降水量です。海に面していれば、空気中に水蒸気が供給されやすく、それだけ降水量が増えます。たとえば、オイミャコンの年間降水量は、年間二四〇ミリメートルほど（二〇〇七〜二〇一六年の一〇年間の平均）ですが、トロンハイムは約八六〇ミリメートル（同）。この差は純粋に海への近さだけが原因とは言えませんが、三・五倍にもなります。このことは、直感的にわかりやすいのではないかと思います。

もう一つは、風です。先に説明した、水の比熱が高いことと、上昇気流の仕組みをもう一度思い出してください。一般に、海と陸とを比べると、昼は陸のほうが気温が高く、陸で上昇気流が起こります。したがって、日中は海から陸へ風が吹きます。夜になると、海のほうが気温が高く上昇気流が起こるので、今度は陸から海へ風が吹きます。沿岸地域でよく風が吹くのは、遮るものがないことに加え、このような気圧の変化が関係しています。このような風を**海陸風**と呼びます。

海陸風は、もっと大きなスケールでも起こります。日本のあるユーラシア大陸の東岸付近を例にとってみましょう。夏、熱くなって盛んに上昇気流が起こるのは大陸部分です。したがって、夏になると太平洋から日本列島を超えて大陸方面に風が吹きます。日本を蒸し暑くさせている南寄りの風は、このような仕組みで吹くのです。一方、冬は太平洋上の空気のほうが暖かいので、そこで上昇気流が起こり、今度は大陸から日本列島を超えて風が吹きます。そういえば、ＮＨＫの「みんなのうた」で「北風小僧の寒太郎」という歌が放送されたことがありました。北風小僧は、大陸から暖かい太平洋を目指していたのですね。なお、この風は、あとで説明するように、日本海側に豪雪をもたらす原因にもなっています。

このように、季節によって吹く方向がひっくり返る風を**モンスーン**あるいは季節風と呼び、また、この影響を受ける気候をモンスーン気候と呼びます。モンスーン気候を示す代表的な地域は、日本を含む東・東南・南アジアですが、広く大陸東岸でよく見られます。

南北アメリカ大陸東岸、アフリカ大陸東岸、オーストラリア大陸東岸でも、弱いながらモンスーンが確認されます。

ところで、モンスーンという言葉は、俗に雨季を指すことがあります。モンスーンとは、もともとはアラビア語で「季節」を意味する言葉だったと言われます。先にお話ししたように、気候学の用語としては季節性の風を意味しますが、風向きが変わることによって乾季から雨季に移り変わることから、こうした理解が広まったのでしょう。

暖かくオーロラを見るにはどこがよいか

さて、ノルウェーのトロンハイムの気候に、話をもう一度戻しましょう。この街が緯度のわりに温暖なのは海が近いせいもあるのですが、もう一つ理由があるのです。それは、海流の影響です。実を言うと、単に海に面しているだけでは、冬にこの緯度でここまで暖かくはなりません。では、海流はどんな仕組みで気候に影響を与えるのでしょうか。

皆さんご承知のように、海の水は常に留まっているのではありません。地球の自転や地上を吹く風、塩分の濃淡などを原因として、今この瞬間もうねるように移動しています。これが海流です。海流には、低緯度地方から高緯度地方に向けて流れる暖流と、高緯度地方から低緯度地方に向けて流れる寒流とがあります。沿岸地域の気候は、この海流の種別によって、かなり違った様相を見せます。

ここで、世界各地の年平均気温を緯度別にプロットしたグラフを見ていただきましょう（図2−9）。全体を見ると、赤道付近を頂点にした山型をしており、前の節で紹介した太陽エネルギーの得やすさとよく対応しています。しかし、よく見ると、緯度のわりに気温が低いところや高いところがあります。標高の高いところは別として、赤道に近いのに気温が低い場所としては、チリ沿岸やペルー沿岸があります。ゾウガメで有名なガラパゴス諸島も、ほぼ赤道直下なのに涼しい気候です。逆に、北極に近いのに気温が高いところとしては、トロンハイムのようなノルウェー沿岸、アイスランド沿岸、イギリスの北に浮かぶフェロー諸島などです。

　この理由を説明するのが、海流です。チリ沿岸やペルー沿岸、その先にあるガラパゴス諸島の付近には、ペルー海流（フンボルト海流）という

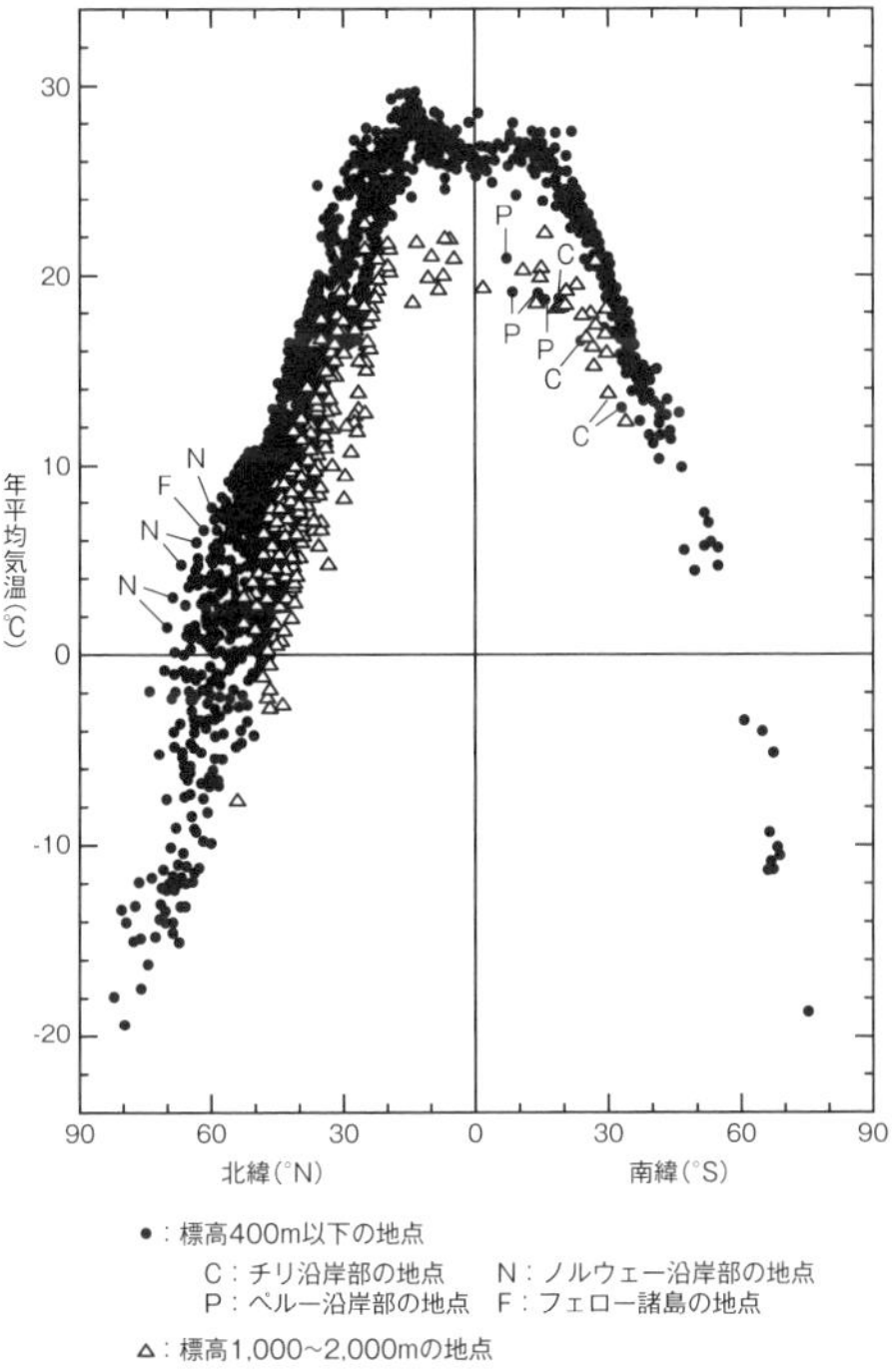

図2-9　緯度と年平均気温との関係

〈『地理学基礎シリーズ2　自然地理学概論』朝倉書店、p.19を参考に作成〉

図 2-10　気温の高いヨセミテ国立公園（2013.9、アメリカ・カリフォルニア州）

寒流が流れています。北極付近から冷たい水が運ばれてくるので、海に接している空気も冷やされます。そのため、気温が上がりにくいのです。

私は数年前の秋の初め、アメリカ西岸のカリフォルニア州にあるヨセミテ国立公園を旅しました。ヨセミテは、カリフォルニア湾から二五〇キロメートルほど内陸の、シエラネバダ山脈の懐にあります。日本の上高地に相当するような、山々に囲まれたヨセミテ渓谷がその玄関口ですが、そこがすでに標高一二〇〇メートルほどの標高になります。寒いだろうと、日本から嵩張る防寒着を用意してゆきました。

ところが、実際のところ、九月のヨセミテは日中半袖シャツで過ごせるほど暑く、防寒着は不要でした（図2−10）。余計な荷

図 2-11　気温の低いサンフランシスコの街（2013.9、アメリカ・カリフォルニア州）

図 2-10 と写っている観光客の服装を比べてみてください。撮影日は数日しか違いません。

物を持ってきてしまったな、と思っていたところ、これが意外なところで役に立ったのです。ヨセミテの帰り、サンフランシスコに立ち寄ったのですが、ここが寒くてかなわない。朝などは冷たい霧に包まれ、凍えるほどです。ここぞとばかり防寒着を着こんで、ゴールデン・ゲート・ブリッジなどを見学して歩きました（図２－11）。

カリフォルニア州の沿岸にも、カリフォルニア海流という寒流が流れています。これが空気を冷やして霧を生むのです。一方、内陸には海流の影響が及ばず、暑くなります。現地で報じられていた天気予報の気温分布を見ても、その差は歴然でした。

一方、ヨーロッパの沖合には、北大西洋海流という大きな暖流が流れています。この海流は、カリブ海など大西洋熱帯地域に起源を持ち、この地域の熱をずっと北の北欧付近まで運んでいます。したがって、ヨーロッパの大西洋岸は緯度のわりに軒並み温暖です。「氷の国」という国名のアイスランドも、中央部こそ氷河が存在するほどに寒冷ですが、沿岸部はさほどではありません。首都レイキャビク（北緯六四度八分）の年平均気温（平年値）は四・七℃。北極圏にかかる国でこれだけ暖かいところはありません。オーロラを見るのにはもってこいですね。

寒流が地上絵を遺してくれた

海流が影響を与える気候要素は、気温だけではありません。海流は、降水量も左右します。以前にお話ししたように、暖かい海は盛んに蒸発するため、周囲に多くの雨をもたらします。つまり、高緯度であっても暖流が近傍を流れていれば、降水量が多くなります。一方、冷たい海は蒸発が抑えられ、雨は降りにくくなります。この結果、寒流の近傍では、海が近くにあったとしても、乾燥地帯が広がることさえあるのです。

地図帳で、ナミブ砂漠やアタカマ砂漠を探してみましょう。ナミブ砂漠は、アフリカ南部にあるナミビアの沿岸に沿って帯状に続いています。この沖合には、南極付近から流れてくるベンゲラ海流が流れています。アタカマ砂漠も、南米チリの沿岸に沿って細長く続いています。やはり、この沖合にはペルー海流が流れています。これらの砂漠はいずれも中緯度の大陸西岸にあって、海から偏西風が吹き込む場所にあたります。海が暖かければ、内陸の山に湿った空気が流れ込んで上昇気流が起こるはずです。しかし、海が冷たいので空気中の水分が少なく、さらに、空気が冷たいので上に昇ろうとしないのです。それで、海沿いに乾燥した気候が帯状に続いているわけです。このようにしてできた砂漠を、西岸砂漠とか、海岸砂漠と呼ぶことがあります。

アタカマ砂漠の北に続くペルーの沿岸部も、やはりペルー海流の影響を受けて乾燥しています。この海岸に沿った細長い盆地に、有名なナスカの地上絵があります。少なくとも千年以上前に描かれたと推測されるこの地上絵は、地表に掘られた、ひっかき傷のようなごく浅い溝で描かれているとのことです。非常に長い間、こんな溝が残っているのも、この場所が乾燥地帯だからです。仮に、ナスカが日本のような湿潤地帯だったら、あっという間に雨に浸食され、消えてしまっていることでしょう。寒流が、思いがけず祖先の作り上げた芸術を遺してくれたのですね。

ついでに、暖流によって降水量が多くなる特徴的なエリアについても紹介しておきましょう。私たちのよく知る、日本の日本海側地方がその一つです。日本海には、黒潮から分かれた暖流・対馬海流が流れています。したがって、日本海の水は、冬でも暖かさを保っています。九州の北に浮かぶ壱岐島は、世界最北のサンゴ礁が見られることで知られていますが、それもこの暖流のおかげです。日本海の水は、この対馬海流によって盛んに蒸発し、空気中に水蒸気を供給しています。先にお話ししたように、日本列島付近では冬、大陸からの季節風が吹きます。この季節風が水蒸気に満ちた日本海上空を通過しますので、日本海沿岸には湿った空気が次々と吹き寄せることになります。これが、内陸の山岳地帯に衝突し、上昇気流をつくることで、日本海側は世界的な豪雪地帯となっているのです。

なんとなく、寒い地方だから雪が降る、というイメージがありませんか。確かに、雨ではなく雪が降るのは、上空の気温が低いからですが、海も冷え込んでいたらこんなにも雪は降りません。

かつて、田中角栄元首相が「（新潟県と群馬県の境にそびえる）三国峠を切り崩してしまえば、新潟は雪で悩まされなくなる」と言ったそうです。もちろん、上昇気流を起こりにくくするには、三国峠だけでなくかなりの範囲の山々を突き崩さなければいけません。仮にそれが彼の政治力で実現して、内陸の山脈がなくなったとしても、新潟から完全に雪を締め出すには、まだ足りません。なぜなら、山脈と関係なく上昇気流が起こる気圧配置も、この地方には出現するのです。究極の手段は、暖流を止めるか、暖流を寒流に変えることでしょう。こればかりは、どんなに強大な政治権力を持っていたとしても、難しいだろうと思います。

鍋料理の名脇役は地中海性気候の賜物

さて、前の節の冒頭で、イネとコムギのお話をしました。イネやコムギに限らず、私たちが普段食べたり花壇に植えたりする植物には、必ず原産地があります。原産地の気候を参照すれば、野菜や果物をはじめ、様々な植物をもっとよく理解できるようになります。

コムギの原産地は西アジアだと紹介しました。この地方には、**地中海性気候**が分布しています。地中海性気候とは、温帯のうち、夏に乾燥して冬に湿潤となるところです。夏に雨が降り冬に乾燥する日本の太平洋岸とは、逆のイメージですね。地中海性気候は、西アジアから地中海沿岸のほか、アメリカ西海岸、オーストラリア西海岸など、中緯度の大陸西岸にあたる地域にしばしば見られます。これらの地域に地中海性気候が現れる理由は、夏には中緯度高圧帯のエリアに入る一方、冬には偏西風の影響下となり、西にある海から湿った空気が届くからです。

地中海性気候を持つ土地に生育する植物は、一番成長したい夏に水が得られないので、しばしば特殊な形態をとります。樹木は硬葉樹と呼ばれる、葉が小さくて硬い、つまり容易に水分が出ていかない形質を持つものが多く出現します。地中海に面したフランス南部やイタリア、同様の気候であるアメリカのカリフォルニア州はワインが有名ですよね。原料のブドウもこうした気候に適した作物ですが、出来上がったワインを封入するコルクの栓こそ、硬葉樹からできています。コルクはコルクガシと呼ばれるどんぐりの一種の樹皮が原料ですが、葉を見ると、小さくて硬いことがわかります。日本人にも馴染み深い硬葉樹には、ほかにもオリーブやユーカリがあります。これらの木を育てるならば、水をやりすぎてはいけません。

草本植物も夏の乾燥に対応しています。コムギはふつう、秋に蒔いて冬に育て、初夏に収穫します(※)。これは、水が十分に得られる冬を生育期間とし、夏は種子で休眠して凌ぐという生存戦略をとっているからです。地中海付近原産の作物には、ほかにも、日本人に馴染み深いものが多くあります。たとえば、キャベツ・ダイコン・カブといったアブラナ科の野菜がそうです。近年は野菜の旬がわかりにくくなっていますが、いずれも本来はコムギと同じ生育サイクルを持った植物で、冬が旬です。私たちが冬によく食べる鍋料理の名脇役、ハクサイも同様です。すっかり日本の野菜のような顔をしていますが、故郷は地中海。これを冬においしく食べられるのは、地中海性気候の贈り物と言えますね。

別の方法で、乾燥した夏を凌ぐ植物もあります。地下の茎を太らせ、そこに水分と養分を蓄えて休眠する、いわゆる球根（厳密には鱗茎《りんけい》）植物です。春の花壇を彩るヒヤシンスやチューリップが該当します。冬に育て、初夏に収穫するタマネギもその一つです。いずれも、地中海付近が原産の有用植物です。

ちなみに、夏に収穫する野菜も気候との関係があります。夏野菜の多くは、ナス科やウリ科に属しています。前者にはナス・トマト・ピーマンなどがあり、後者にはカボチャ・スイカ・キュウリなどがあります。いずれの科も、それに属する種の大部分が低緯度地方（熱帯域）を原産としています。しかし、細かく見ると出自の気候はかなりバラエティーに富んでいます。たとえば、ナスとトマトは、前者がモンスーン気候で湿潤なインド沿岸部であるのに対し、後者は乾燥したアンデス山脈です。ですから、同じ夏野菜でも栽培方法を変えなければいけません。ナスは、「水で育つ」と言われるように、水を切らさないことが栽培の秘訣です。トマトは、逆に水はけよく、乾燥気味にさせることが重要です。そうすると、味の濃いおいしい実を食べることができます。

※コムギには、冬を越して初夏に収穫する一般的な冬小麦のほかに、春に蒔いて秋に収穫する春小麦もあります。後者は、特に寒冷な地方に見られます。

富士山頂はなぜ寒い？

世界文化遺産に登録されたおかげか、富士山には国内外からますます多くの登山客が訪れるようになりました。この本を読んでいる皆さんの中にも、登った方がいるのではないでしょうか。そんな方に伺いますが、山頂の気温はどうでしたか？

私は真夏に二回ほど富士山に登ったことがありますが、山頂では皆、防寒着を着込んでいました（図2－12）。八月の富士山頂の気温を見てみましょう。最低気温（平年値、以下同）は三・六℃、最高気温は九・三℃です。これは、東京における一二月～二月頃に相当する気温です（図2－13）。ここから、標高が気候（特に気温）に大きな影響を与える因子であることがわかります。ではなぜ、標高が高いところでは気温が低くなるのでしょうか。

図 2-12　真夏の富士山頂（2010.8）

写っている登山客の服装をご覧ください。

その理由は、大きく二つ挙げることができます。これは、地理学というより物理学のお話で、少し難しいかもしれませんが、なるべく噛み砕いて説明しましょう。

一つは、周囲に地面がないからです。一般に、固体よりも液体が、そして液体よりも気体が、熱を伝えにくい性質を持っています。先にお話しした比熱の差です。ですから、気温の上昇は、太陽のエネルギーが直接空気を温めているというよりも、固体である地面、場合によっては液体である海から熱をもらうことで起こります。そびえ立つ高い山では周辺に地面が乏しいので（つまり熱源が遠いので）、気温が上がらないのです。その証拠に、標高が高い場所でも、チベット高原のように広く地面が存在しているところでは、そこそこ暖かくなり

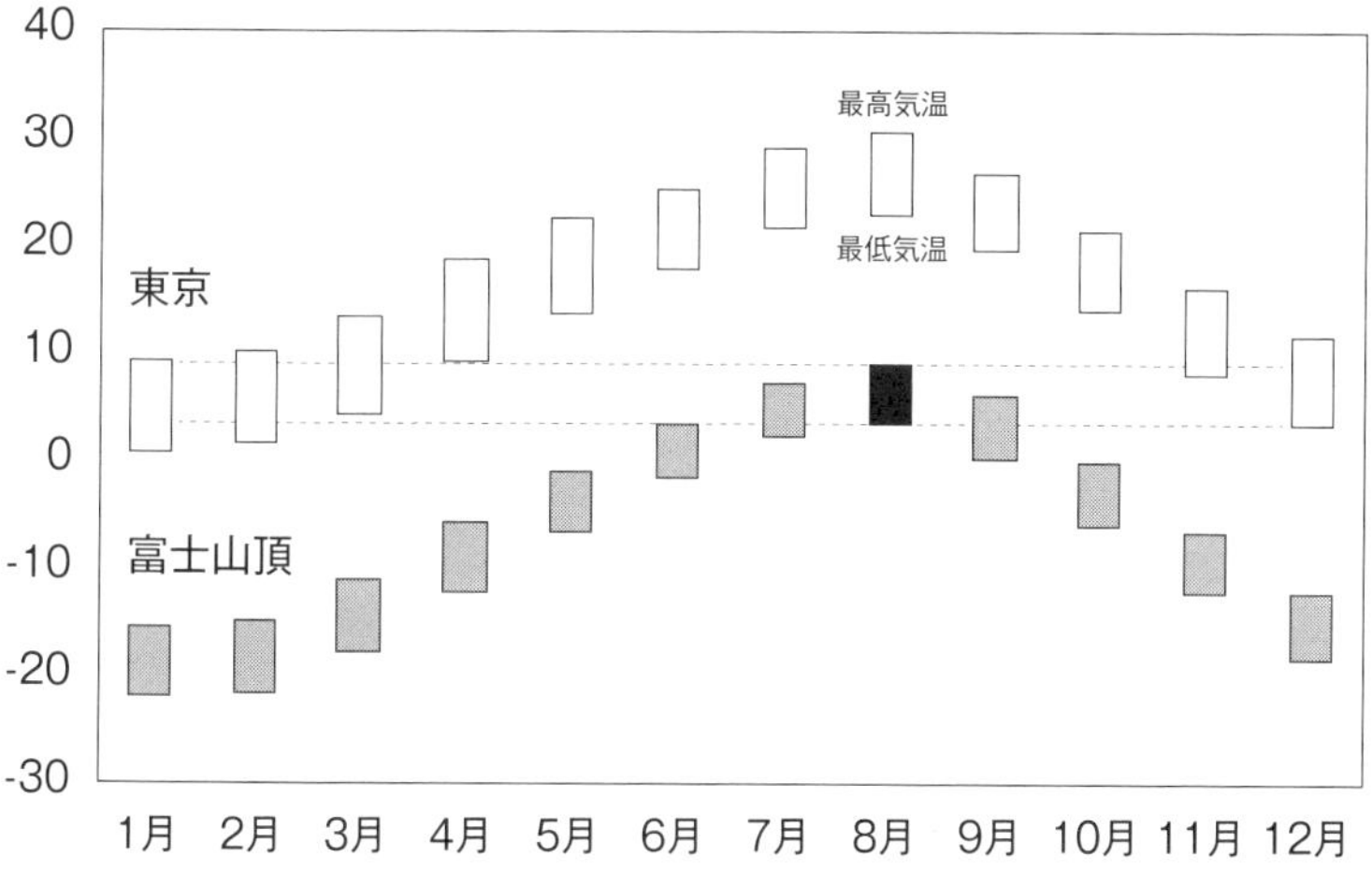

図2-13　富士山頂の８月の気温は東京の12～２月の気温に相当する（平年値）
〈気象庁観測データに基づいて作成〉

ます。

もう一つは、高いところにやってくる空気は膨張するからです。空気にも重みがありますから、ふつうは低いところに集まります。つまり、標高が低いほど空気は濃くなり、高いところでは薄くなります。空気の密度は、気圧によって知ることができます。そこで、実際に年平均気圧を比べてみましょう。東京では一〇〇九・五ヘクトパスカル、一方、富士山頂では六三七・八ヘクトパスカルです。標高三七七六メートルの富士山頂では、東京よりずっと空気が薄いことがよくわかります。

このために、上昇気流によって昇ってくる空気の塊は、高いところに行くほど広がってゆきます。つまり、膨張するのです（図2―14）。気体というものは、膨張すると

図 2-14　気圧の低い富士山頂で膨らんだ菓子の袋（2010.8）

気圧が低いと、袋の中の空気が膨張してバルーンのようになります。

温度が下がる性質を持っています。これを、物理学ではシャルルの法則と言います。スプレー缶をシュッと噴射すると缶が冷たくなりますよね。これと同じ理屈です。

　こんな理由が重なり合って、標高の高いところでは気温が低くなります。標高の上昇と、気温の低下の変化の関係を調べてみると、一〇〇メートルにつき、およそマイナス〇・六五℃であることが知られています。これを気温の**逓減率**と言います。これを覚えておくと、山に登るときや、標高の高い行楽地に行くときに役に立ちます。

　たとえば、標高約六〇〇メートルの高尾山に、標高約二〇〇メートルの登山口から登るとします。仮に、登山口の気温が二〇℃だったとしたら、4×0.65で、山頂は二・六℃ほど低い一七・四℃であることがわかります。ただし、実際には標高だけでなく様々な気候因子が働いていますから、あくまで目安として考えてくださいね。

コラム2 気候に関するQ&A

Q 地軸はなぜ傾いているのですか？　傾きは変わらないのですか？もし地軸が傾いていなかったら、地球の気候はどうなっていましたか？

A 地軸が傾いているのは、まったくの偶然です。地球は、約四六億年前に多数の微惑星がぶつかり合ってできました。そのときの力のかかり具合で、角度が決まったのです。地軸の傾きは、月や太陽の引力に影響されて、長い間では微妙に変化していると考えられています。セルビアの研究者・ミランコビッチによると、地球史上、最も大きく傾いたときで二四・五度、小さいときで二二・一度であったようです。地軸が大きく傾けば、季節の変化が激しくなります。逆に、地軸が傾いていなければ、どの緯度帯でも受け取る太陽エネルギーの年変化がなくなり、季節がなくなると考えられます。極地方の白夜や極夜もなくなります。ただし、地球の公転軌道はわずかに楕円形をしているので、太陽に近づくときと、そうでないときとで、わずかな季節変化が残るのかもしれません。

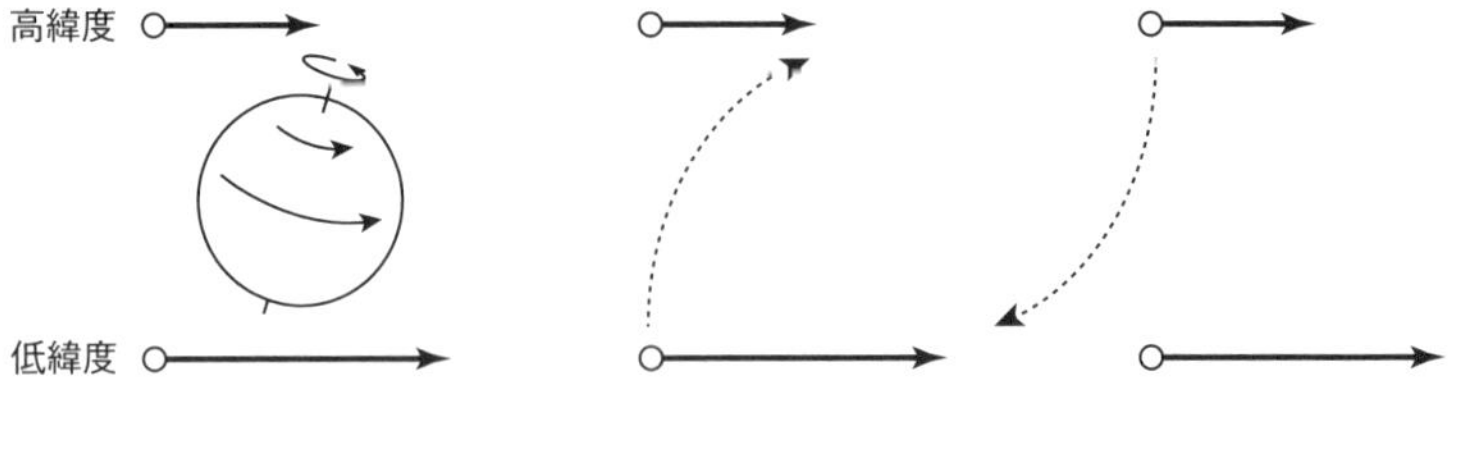

地球は球体だから、自転に伴う地表付近の速度は低緯度のほうが早い。

低緯度から高緯度に向かう空気の流れは、自転方向の勢いがついているので、西寄りになる。

例）偏西風

高緯度から低緯度に向かう空気の流れは、スピードに置いていかれるように東寄りになる。

例）貿易風

図 2-15　コリオリの力

Q 貿易風や偏西風は、なぜ東や西に曲がって吹くのですか？

A

地球の自転に伴う**コリオリの力**というものが働くからです（図2－15）。地球は球体ですから、自転に伴う地表付近の移動速度を見ると、赤道で最も速く、高緯度になるほど遅くなります。つまり、同じ時間で見たとき、赤道のほうがたくさん移動するのです。いま、赤道から北に飛行機で飛ぶことを考えてみます。飛行機には、北への推進力とともに、自転方向の地表の推進力もかかっています。そして、北へ向かえば向かうほど地表の速度は小さくなるので、軌道修正をしなければ、飛行機の針路はどんどん東へ逸れていきます。一方、北極から南方向に飛行機で飛ぶと、南へ向かうほど地表がどんどん東にずれていくので、飛行機の針路は西に逸れてしまいます。風も同じで、低緯度から高緯度に向かう空気の流れは西向きの風に（偏西風）、南に向かう空気の流れは東向きの風（貿易風）になるのです。

Q オイミャコンには本当に人が住んでいるのですか？マイナス四〇℃にもなるなんて想像できません。

A オイミャコンには五〇〇〇人ほどの人が住んでいるそうです。冬は、外にあるあらゆるものが凍ってしまいますが、付近に温泉が湧いており、川の水は凍らないのだそうです。日本でも、内陸的な要素が強い北海道の旭川では、マイナス四一・〇℃を記録したことがあります。旭川郊外の上川町には、この温度が体感できる観光施設（アイスパビリオン）があるので、北海道旅行の際には行ってみてはどうでしょう。

Q 気温の単位℃は、なぜ「C」と「°」が組み合わさった記号なのですか？

A ℃はいくつかある温度の単位の一つで、セルシウス度（摂氏温度）を表しています。スウェーデン人のCelsius（セルシウス）が考案した単位なので、その頭文字のCに単位を表す「°」がついています。セルシウス度の特徴は、水の融点をゼロ度、沸点を一〇〇度としていることです。気候学で使われる温度の単位には、ほかにファーレンハイト度（華氏温度：°F）があります。ファーレンハイト度はアメリカをはじめとした英語圏の一部で使用されていますが、科学分野では摂氏温度を使うのが一般的です。

Q **降水量の単位のミリメートル（㎜）って何ですか？**

A 長さの単位のミリ・メートルとまったく同じものです。降った雨が、どこにも流出せず、しみ込まず、さらに蒸発もしないと仮定したときに、その場所に貯まる水かさを示しています。たとえば、一時間に一〇ミリメートルの雨とは、一時間のうちに降った雨を貯めておくと一〇ミリメートル（つまり一センチメートル）になるという意味です。また、年間降水量一五〇〇ミリメートルとは、一年間に降った雨を貯めておくと一・五メートルになるということです。

Q **西の風というのは、どちらから吹く風ですか？**

A 風という語についている方角は、風上を示します。西風（西の風）と言った場合、西から東へ向かって吹く風です。

Q **比熱とは何ですか？　わかりやすく教えてください。**

A 比熱とは、簡単に言えば、物質の温度を上げるために必要なエネルギーのことです。たとえば、同じ質量の水と鉄を温めたとき、鉄はすぐに温まりますが、水はなかなか温まりません。つまり、水のほうが温めるのにたくさんのエネルギーが必要というわけです。このとき、「水は鉄より比熱が大きい」と表現します。日常の言葉に置き換えると、比熱が大きい＝温まりにくく冷めにくい、比熱が小さい＝温まりやすく冷めやすい、となります。

Q 日最高気温は、太陽が最も高くなる正午に記録されそうなものなのに、実際には午後二時とか三時に記録されていますよね。これはなぜですか？

A 確かに太陽のエネルギーが最も得られるのは正午（正確には南中時）ですが、空気は比熱が非常に大きく、温まりにくいので、数時間のタイムラグが生じるのです。もう少し詳細に言うと、太陽のエネルギーが直接空気を温めるのではなく、まずは地面を温め、そこから空気に熱が伝わるのですが、こうした伝達に時間がかかるのです。当然、冷えるのにもタイムラグがあり、日最低気温が記録されるのは真夜中ではなく、日の出直前の明け方になります。同じことが気温の年変化にも生じます。一年で最も暑い時期は、夏至より数十日程度後ですし、最も寒い時期は、冬至の数十日程度後です。

Q 日本の気象（気候）は、どこでどのように観測しているのですか？

A 気温・風向風力など主要な気象要素（集計して気候要素としても使われる）は、気象庁が管轄する全国の気象台や観測所で観測しています。地域ごとのデータは、現在では自動観測を行うアメダスに負うところが大きくなっています。気象庁のほかに、防衛省などのほかの省庁や地方自治体が観測所を設けている場合もあります。

Q 日本で最も多く雨の降る場所はどこですか？

A 気象庁が観測する平年値に基づくと、屋久島が日本で最も年間降水量の多い地域です（屋久島特別地域気象観測所：四四七七・二ミリメートル）。東京が一五二八・八ミリメートルですから三倍近いですね。宮崎県えびの（四三九三・〇ミリメートル）、高知県魚梁瀬《やなせ》（四〇一七・九ミリメートル）、三重県尾鷲《おわせ》（三八四八・八ミリメートル）といった場所も特別に降水量が多い地域です。いずれも黒潮に洗われる太平洋岸に位置し、大気中に水蒸気が盛んに供給される場所です。また、いずれも内陸に高い山があり、南風の吹く夏に活発な上昇気流が起こる条件となっています。

Q 日本で、夏に雪が降ることはありますか？また、冬に気温が三〇℃以上になることはありますか？

A 北海道の大雪山では例年九月下旬に初冠雪が見られます。また、小笠原諸島や南西諸島では、過去、一月や二月に三〇℃近い気温が記録されたことがあります。逆に、北海道の宗谷地方や上川地方では、七月・八月に〇℃〜二℃の気温が記録されたことがあります。富士山では、夏季にマイナスの気温もしばしば記録されます。

Q 真夏でも、夜の山が冷えるのはなぜですか？夏の夜中に山道を通ったとき、あまりの涼しさに驚きました。

A 第一に考えられるのが、標高差です。また、山間部はクーラーの室外機、自動車のエンジンといった人工的な熱源がほとんどないので、それだけでも気温がぐんと下がります。さらに、都会では昼間コンクリートやアスファルトに熱が蓄えられ、夜になってもその熱が徐々に放射されていますが、山間部ではこうした熱を蓄える人工物がほとんどありません。逆に、こうした理由から都市は周囲より気温が高くなる傾向があり、このことを**ヒートアイランド現象**と呼びます。

Q 冬に東京ディズニーランドに行くと死にそうなくらい寒いのですが、寒流が近くを流れているのですか？

A 南関東沖合に寒流は流れていません。ディズニーランドのある浦安は、東京湾の奥にあるので、黒潮が沖合を流れる房総半島南部より気温が低くなることはありますが、寒冷というほどではありません。冬のディズニーランドが寒く感じるのは、海流とは異なるいくつかの理由が考えられます。まず、都心から多少離れているので、ヒートアイランド現象の影響が少ないことが挙げられます。また、埋め立て地で地形的に遮るものがなく、風が強く吹くので、体感温度が下がる点もあるでしょう。さらに、アトラクションの待ち時間が長く、寒い中をじっと立っていると、どんどん体温が奪われることもあると思います。

Q 鳥取砂丘は砂漠ではないのですか？　砂丘と砂漠はどう違うのですか？

A 砂漠（厳密には沙漠）とは、降水量がわずかしかないために、植生が乏しい土地のことを指します。一方、砂丘とは、海流や風によって運ばれた土砂が堆積してできた地形のことを指します。砂漠に砂丘があることはありますが、砂丘のある場所が砂漠とは限りません。鳥取砂丘のある地域には十分な降水量がありますので、砂漠とは言えません。砂丘が植生に乏しいのは、基盤が保水性に乏しく、砂が常に移動しているためです。

Q 政治が気候を変えることは本当にあるのですか？

A 本文中に示した、三国峠を切り崩す話は、もちろん実現していません。しかし、政治が気候を変えることは大いにありうる話です。大きなスケールでは、世界の首脳が地球の気候を変える（温暖化を防止する）ために奔走していますね。第3章でお話しするように、気候問題は重要な政治課題になっています。より小さいスケールでは、屋上緑化・壁面緑化を進めたり、都市計画で緑地の面積を増やしたりすることで、ヒートアイランドを軽減する取り組みが各地で行われています。

Q もしも南極の氷山が多量に溶けたら、海流の方向が変わり、世界の気候が変わってしまうという話を聞いたことがあります。なぜこんなことが予想されるのか、教えてください。

A 二〇〇四年にヒットした映画『デイ・アフター・トゥモロー』がまさにそんな話でしたね。現実世界では、あの映画のような極端で急激な変化は起こりえません。しかし、海流の一部は、塩分濃度の差によって引き起こされていると考えられているので、氷床の融解によって海に多量の淡水が流入すれば変調をきたすのではないか、そして、低緯度地方から高緯度地方に熱を運ぶ役割をする暖流がストップすれば、高緯度地方では寒冷化が起こるのではないか、という仮説は実際に存在します。

3 なぜ、地球の表面はでこぼこなのか？

もし地表にでこぼこがなかったら？

私たちの暮らす地球を遠く宇宙から眺めると、蒼い真珠のようにつるりとした美しい球形に見えます。しかし、どんどん地球に近づき、飛行機が飛ぶ程度の高さまで下りてくると、今度はでこぼこが目立ちます（図２―16）。こうした地表面のでこぼこ、つまり地表の形状は、地形と呼ばれます。地形は、私たちを取り巻く重要な自然環境です。地形は地理学（特に自然地理学）における主要な研究対象の一つとなっています。

もし、地球に地形がなかったらどうなるか、考えてみましょう。皆さんの街に坂はありませんか。坂は地形の高低がつくり出すものです。自転車で通勤・通学している人ならば、「地形がなかったら楽だな」と思うかもしれませんね。しかし、趣味で自転車に乗っている人なら、「ヒルクライムやダウンヒルができなくて寂しい」と感じるでしょう。もちろん登山もできません。私は、趣味で登山をしますので、地形がない世界には行きたくありません。「自転車や登山の趣味はないから、そんなことはどうでもいい」と思った方、観

図 2-16　飛行機の窓から見た大地のデコボコ（2008.9、長野県北アルプス付近上空より）

光で山や渓谷のある景色を眺めたり、スキーやスノボをしたりはしませんか。地形がなければ、そんなこともできなくなってしまいます。

深刻な影響もあります。私たちが使う電力の一定の割合を、水力発電が占めています。水力発電は、地形を利用して、水を高いところから低いところに落とすことでタービンを回して発電しています。地形がなければ、電力不足が起こるかもしれません。

さらに想像力を働かせてみましょう。地形がなかったら、海の水はどこに行くのでしょうか。おそらくは、地球全体が浅い海になってしまい、私たちの住む陸地はどこにもなくなってしまうでしょう！

地形に脅かされ、生かされる

私たちの暮らしと地形の関わりを、もう少し考えてみましょう。地形が人間社会に直接与える影響は、大きく二つに分けられます。

第一は、地形そのものが与える影響です。土地利用は、地形に大きな制約を受けています。低平で湿潤な土地は水田として利用し、水はけのよい台地は畑地にするといったようなことです。従来はもちろんのこと、科学技術が発達した現代においても原則は変わっていません。地形は人の移動の障壁ともなります。国や地域の多くは山脈や河川で区切られ、それらに囲まれた範囲でひとまとまりの文化圏や経済圏が成立しています。山のてっぺんに、神社が祀られているのを見たことはありませんか？　地形は、信仰のような精神活動にも多大な影響を与えています。それだけ、私たちの祖先は地形に注目していたのです。

第二は、地形をつくる働きが与える影響です。追って紹介するように、地形には様々な成因があります。その中には、地震や火山噴火、土砂崩れや洪水といったような、社会にとっては災害と結び付くものも多くあります。ひとたび災害が起これば、多くの人命が失われたり、経済に大きな負荷がかかったりします。地形は、社会に脅威を与える存在でもあるのです。私たちの祖先が地形に注目し、信仰の対象にまでしていた背景には、こうした点もあるのでしょう。

地形はまた、間接的にも社会に影響を及ぼします。たとえば、地形は気候に影響を与えます。その結果、気温の差や降水量の大小、降雪の有無などが生じ、これを通じてそれぞれの地域の特徴が生まれます。同様に、水文《すいもん》環境にも影響を与えます。河川の流路や湖沼の位置は地形によって決まりますし、地下水の傾斜も形成します。つまり、人の生命にとって必要な水がどこにあるのか、ということも、もとをただせば地形が決めているのです。

地形をつくる二つの力

私たちにとって、こんなにも重要な地形は、どのようにしてつくり出されるのでしょうか。地形をつくり出す力を、**営力**《えいりょく》と言います。営力には**内的営力**と**外的営力**の二つがあります。それぞれ、内作用・外作用とも言います。

内的営力は、読んで字のごとく、地球の内側から働く力です。具体的には、火山活動や地震、もっと大きなスケールで見れば大規模な山脈をつくったり、陸を形成したりする地殻変動と呼ばれるものも含みます。いずれも、**プレートテクトニクス**と呼ばれる仕組みで説明することができます。これについては追って詳しく説明しましょう。

外的営力は、これも読んで字のごとく、地球の外側から働く力です。たとえば、太陽エネルギーによって引き起こされる雨・風などの気象現象、重力等によって生じる川や海などの水の流れ、生物の活動などです。

このように、地形は内的営力と外的営力の双方によって形成されますが、対等の力というわけではありません。力の及ぶ範囲に違いがあります。広範囲に及ぶのは、内的営力です。つまり、まずは内的営力によって大きなスケールの、ざっくりとした地形がつくり出されます。列島の位置や、大山脈の配列といったようなものです。この大スケールの地形に、細かな細工を施すのが、外的営力です。美しい景観を形成する山ひだや、台地と低地の段差などです。塑像の制作に例えれば、大まかな形をつくるノコギリやノこは内的営力、仕上げに使う彫刻刀や紙やすりは外的営力というわけです。

大地はジグソーパズルのように

世界地図を見てみると、アンデス山脈やロッキー山脈、アルプス山脈やヒマラヤ山脈といったように顕著な起伏のある場所がある一方、西シベリアや北米中央部、オーストラリア内陸部のように大平原が広がっている場所もあります。なぜ、このように地形は偏って存在しているのでしょうか。この疑問を解決するのが、プレートテクトニクスです。

一九〇〇年代の初頭、ドイツの学者、**アルフレート＝ヴェーゲナー**は、アフリカ大陸の東岸と、大西洋を隔てた南アメリカ大陸の西岸が、ジグソーパズルのように当てはまることに気がつきました（図２－17）。偶然の一致にしてはあまりにぴったりだと思った彼は、二つの大陸はもともと一つだったのではないかと考えるようになりました。しかし、それだけでは机上の空論です。そこでヴェーゲナーは、二つの大陸の地質構造に共通点がある

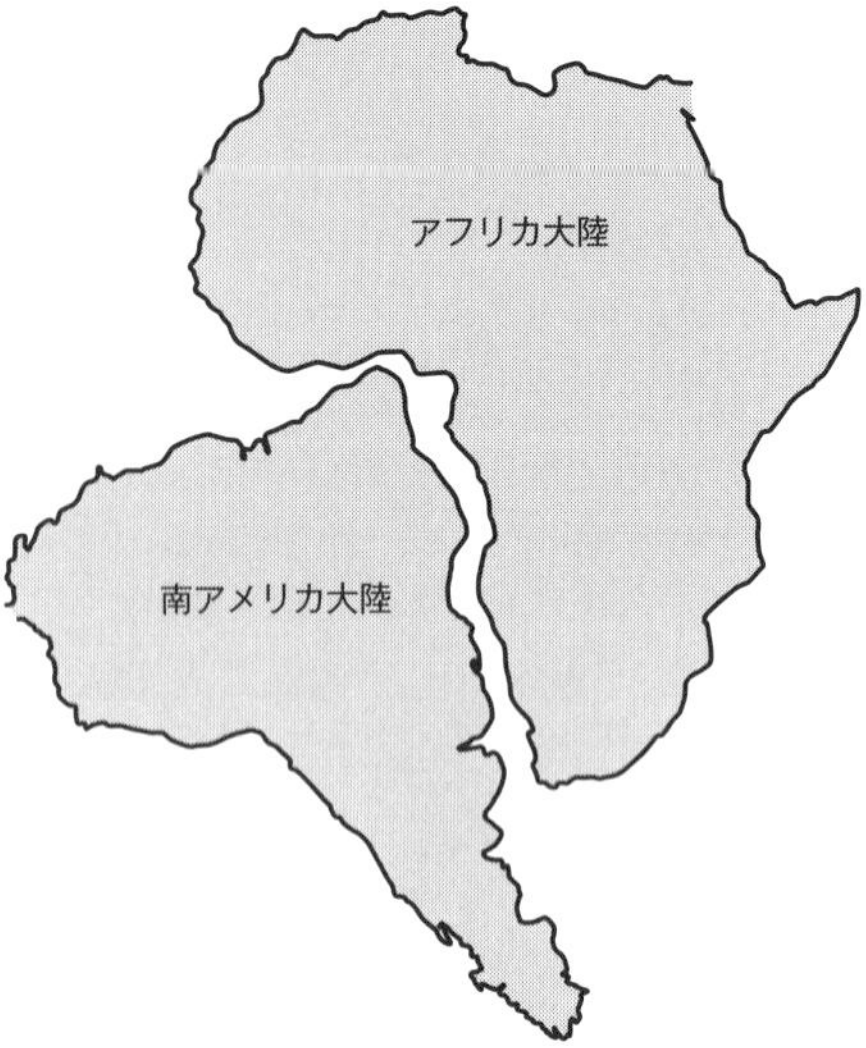

図 2-17　南アメリカ大陸とアフリカ大陸の海岸線をくっつけてみた

ことや、二つの大陸で共通する化石や現生の生物が見つかることなどを調べ上げ、証拠を固めました。さらに、ほかの大陸ももともとは一つの大陸（パンゲアと言う）から分かれたのではないかと考えた彼は、一九一二年に**大陸移動説**を発表しました。大陸が動く！　という突拍子もない説です。一部には好意的に捉える向きもあったようですが、あまりに斬新すぎました。「なぜ大陸が動くのか」ということが説明できなかったこともあって批判のほうが大きく、残念なことに大陸移動説は次第に忘れ去られてしまうのです。

それが再び日の目を見るようになったきっかけが、一九六〇年代に確立したプレートテクトニクスでした。プレートテクトニクスとは、大陸や海洋底の相互の位置の変動を、地球内部のマントルの働きによって生じるプレートの移動によって説明する考え方です。ヴェーゲナーが説明しえなかった大陸が動く仕組みが、やっと解明されたのです。それだけではなく、山脈や島弧の形成、火山活動、地震の発生といった内的営力が、この考え方で一通り説明できるようになりました。

それでは、プレートテクトニクスについて、ざっと説明しましょう。地球をパカンと真っ二つに割ってみると、中心部には核、その周囲にはマントル、そして一番外側には地殻、という大きく三つの部分が確認できます。それぞれ、卵の黄身・白身・殻に例えると、よくわかるでしょう。プレートテクトニクスに基づくと、地殻は、十数枚の岩盤（**プレート**）で構成されているとされます。この一枚一枚の岩盤の上に、海洋や大陸が載っているわけです。そして、それがマントルの対流によって年数センチ単位で移動しています。

本当にプレートが動いているの？　と疑問に思う人には、太平洋の真ん中にある証拠を紹介しましょう。ハワイ諸島です。この諸島は、マントルから直接マグマ（溶融した岩石）が湧き出す、**ホットスポット**と呼ばれる部分に位置しており、現在もハワイ島を中心に活発な火山活動が起こっています。このホットスポットは、プレートが動いてもほとんど位置が変わりません(※)。ですから、プレートが動くとその場所に新たな噴火が起こり、火山島が生まれます。一方、ホットスポットからずれてしまった元火山島は、次第に活動が衰え、浸食されて海底に没してしまいます。

ハワイ諸島を載せる太平洋プレートは、南東から北西に向けて移動しています。地図を見ると、最も火山活動が活発なハワイ島を先頭に、西にマウイ島、オアフ島、カウアイ島というように北西方向に島が連なっていますね。さらにその先に目を移すと、いよいよ海底に没さんとする低平なミッドウェー諸島（太平洋戦争の激戦地として知られる）があります。例えるならば、ベルトコンベアーの前に立って、流れてくる製品に一つひとつ部品を取り付けるようなものですね。

※長い期間で見ると、位置が変わるという説もあります。

ヒマラヤ山脈が世界の屋根であるわけ

さて、地球表面では、十数枚のプレートがバラバラに移動しているわけですから、互いにぶつかったり、離れていったりすることもあるはずです。こうしたプレートの境界には、**広がる境界・狭まる境界・すれ違う境界**の三つがあります。

広がる境界は、プレートが生まれるところです。広がる境界の大部分は海底にあり、そこには、中央海嶺と呼ばれる長大な海底火山が並んでいます。ここでは、マントルからマグマが沸き上がり、噴出しては左右に新たな地殻がつくられます。こうして、ここからプレートが左右に広がってゆくのです。たとえば、太平洋の東寄りには、東太平洋海嶺と呼ばれる海底火山列があります。そこから、日本近海まで広がる太平洋プレートと、南米チリやペルーの近海に至るナスカプレートなどが分かれています。

世界には、広がる境界が陸上に現れている場所もあります。大西洋中央海嶺上にあるアイスランド島がその例です。アイスランドではギャオと呼ばれる大峡谷が観光名所になっていますが、それこそがプレートの境界が姿を見せたものです。マグマの湧出も盛んで、豊富な地熱があるため、国の電力の三割を地熱発電で賄っているとのこと。ちなみに、残りの七割は、豊富な氷河からの水を利用した水力発電で賄っており、再生可能エネルギーほぼ一〇〇％の国としても知られています（※）。

狭まる境界は、プレートが一生を終えるところです。移動してきた二つのプレートが衝突すると、多くの場所では、片方のプレートがもう片方のプレートの下に沈み込みます。この場所を**沈み込み帯**と呼びます。沈み込む場所はやはり海底のことが多く、そこでは深い溝が帯状に続いています。これを**海溝**と呼びます。たとえば、東から移動してきた太平洋プレートが、日本の東の沖で北米プレートの下に潜り込む場所は、日本海溝と呼ばれます。

どちらのプレートが沈み込むのかは、比重によって決まります。概して、陸を載せたプレートは軽く、海を載せたプレートは重い傾向にあります。なぜでしょう。軽いプレートは浮かんで陸になり、重いプレートは沈んで水が流れ込んでいるということです。プレートが衝突したときに、比重に差がない場合は、いずれも沈み込まずに衝突し、互いに圧迫されて盛り上がります。インド亜大陸を載せたインドプレートと、ユーラシア大陸を載せたユーラシアプレートの境界がそれで、そこには世界の屋根と言われるヒマラヤ山脈と、それに続くチベット高原が形成されています。

すれ違う境界は、プレートが互いに食い違う方向に動いているところです。代表的な例として、北米東岸にあるサンアンドレアス断層が挙げられます。それは、南東に動く北米プレートと、北西に動く太平洋プレートの境界にある、長大な大地の「ずれ」です。この断層がずれるとき、大地震が起こります。一九〇六年、この断層でマグニチュード七・八と推定されるサンフランシスコ地震が発生し、三〇〇〇人を超える方が亡くなったとされます。サンフランシスコの科学館では、この地震が展示の一つになっています。

※大規模水力発電を再生可能エネルギーに含めることには議論があります。河川をせき止めるダムは、環境破壊を引き起こすからです。

日本が山国である理由

ところで、狭まる境界では、プレートの沈み込みによって引き起こされる、様々な自然現象が見られます。まず、マグマが生じ、活発な火山活動が起きます。さらに、地殻にひずみが生じるため、それを解消するために地震が頻発します。次の節で詳しく紹介しますが、地震が繰り返される結果として、山脈が生じることがあります。

こうした火山活動や地震活動によって、狭まる境界付近では山がつくられ、成長していきます。このような、山をこしらえる地球の活動を**造山《ぞうざん》運動**と呼び、これが活発に起こっている場所を**造山帯**と呼びます。

地球上に、現在も活動している造山帯（**新期造山帯**）は二つあります。いずれも、沈み込み帯と密接な関わりがあります。

一つは、太平洋をぐるりと囲むようにして存在する**環太平洋造山帯**です。南アメリカ大陸西岸から反時計回りに見てゆくと、アンデス山脈、ロッキー山脈、アリューシャン列島、千島列島、日本列島、台湾島、フィリピン諸島、ニュージーランドの島々と、大山脈や長大な島弧（島の連なり）が確認できます。

日本列島に標高三〇〇〇メートルを超える高山があるのは、環太平洋造山帯に属しているからです。対してお隣の韓国はこの造山帯に属していないため比較的なだらかで、大陸部の最高峰は智異山《ちり》の一九一五メートルです。すぐ近くでもこれだけ違うのです。

もう一つの新期造山帯は、ユーラシア大陸南部を東西に貫く**アルプス＝ヒマラヤ造山帯**です。西から、アルプス山脈、ザクロス山脈、ヒマラヤ山脈、チベット高原、マレー半島・スンダ列島と続き、やはり大山脈と島弧で構成されています。

ちなみに、新期造山帯以外には、どんな地形があるのでしょうか。

まず、**古期造山帯**と呼ばれる場所があります。そこは、プレートが現在とは異なる動きをしていたとされる、古生代（およそ五・四〜二・五億年前）の造山運動の影響を受けた場所です。その後、現在に至るまで長期間、造山運動を受けていないので、当時は険しかったかもしれませんが、侵食を受けて現在は低くなだらかな地形になっている場所が多いのが特徴です。たとえば、北米大陸の東寄りにあるアパラチア山脈、北欧のスカンジナビア半島、アジアとヨーロッパを分けるウラル山脈、オーストラリア東岸に近いグレートディバイディング山脈などです。こうした場所では、新期造山帯と異なり、火山や地震はほとんどありません。

古生代にも造山活動を受けなかった場所は、**安定陸塊**と呼ばれます。ここでは、長期間の侵食によってほとんど平坦になった土地が多く、これを**構造平野**と呼びます。地質的に見ると、古い時代の地質が地表に広く見られますが、このような場所は全体として楯を伏せたような形をしていることが多いため、**楯状地**と呼ばれます。また、楯状地の上に堆積物が平らに載った場所を**卓状地**と呼び、これも安定陸塊の一部をなします。安定陸塊に相当する場所を具体的に挙げると、ヨーロッパ北部やユーラシア大陸北中部（シベリア）、北米のハドソン湾周辺やオーストラリア内陸部、アンデス山脈の東にあたる南米中部などがあります。

地形の細かい細工は誰がする？

内的営力が造り上げた基盤となる地形に、細かな細工を施していくのが外的営力です。外的な営力には様々なものがありますが、そのすべての始まりは**風化**だと言ってよいでしょう。風化とは、太陽光線（主に紫外線）、寒暖差による膨張収縮の繰り返し、凍結破砕

（ひび割れや隙間に入り込んだ水が凍って膨張するため岩石が壊されること）などによって、硬い岩石がボロボロになることを言います。こうして生じた岩石の破片は、重力の影響で下方へ移動します。崖のような場所に行くと、平時でもサラサラと細かい土砂が落下していることがあります。こうした場所では、ひとたび地震や集中豪雨が起こると、摩擦力が大きく緩み、一気に大量の物質が移動する可能性があります。これを**マスムーブメント**と言います。ざっくり言って、土砂崩れのことです。第三章で紹介するように、マスムーブメントは人間社会にとっては災害という一面を持ちます。

日本のように湿潤な地域では、とりわけ水が重要な外的営力となります。水は、**侵食・運搬・堆積**の三つの作用を持ちます。砂山をつくり、上からじょうろで水をかけると、山は次第に削られてゆきます。削られた砂は、山肌に生じた幾筋もの溝を伝って下方へ移動し、山裾に溜まってゆきます。これと同じことが、私たちが目にする景色の中で起こっているのです。飛行機に乗って国土を眺めると、その七割を占める山地には、決まって細かなしわが刻まれています。これはすべて水のなせる業です。

花の百名山で知られる北アルプスの白馬岳山頂を、直下の山小屋から見上げてみましょう。西側の高山植物に覆われたなだらかな斜面と、東側の荒々しく切り立った急な崖とが、印象的な対比を見せています（図２－18）。**非対称山稜**と呼ばれるこの地形は、冬季に季節風の影響で西側の積雪が吹き飛ばされ、東側にばかり積雪が生じることでつくり出されま

図 2-18　白馬岳に見られる非対称山稜（2004.8、長野県白馬村・富山県朝日町）

山頂から西（写真左側）はなだらかですが、東（写真右側）は急峻な崖になっています。

す。春に気温が上がると、雪解け水は周囲の土砂を巻き込んで下方に流れてゆくので、東ばかりが削られるのです。こんな変わった地形も、水がつくります。

海岸にも水がつくった地形があります。函館や串本の市街地は、本土と島の間をつないだ細長い砂州の上に成り立っています（図2－19）。**陸繋砂州**《りくけいさす》とかトンボロと呼ばれる地形ですが、これは沿岸流が砂を運んでつくったものです。海流が砂を運んでつくった地形には、天橋立や北海道のトドワラのように、美しい風景をつくり出すものもあります（図2－20）。

生物の活動が、外的営力として働く場合もあります。小さなものでは、アリ塚や湿原に見られる谷地坊主《やちぼうず》（スゲの株元が盛り上がった微地形）があります。サンゴ礁

図 2-19　飛行機の窓から見た函館のトンボロ地形（2008.9、北海道函館市付近上空より）
中央の島状の山が函館山、市街地部分がトンボロ（陸繋砂州）

（図２－21）のように、長い年月をかけてかなりのスケールの地形をつくることもあります。

そして現代、最大の地形改変を引き起こす生物は、おそらくヒトでしょう。数百年、数千年と時間をかけてつくられてきた自然の彫刻を、ヒトは重機を使い、いとも簡単に自分たちの都合のいいようにつくり変えています。遠い未来、人類が滅びたあとで、「かつて繁栄した生物がつくった特殊な地形が見られる惑星」として、宇宙人の研究対象になるかもしれません。

図 2-20　海流がつくった天橋立（2009.3、京都府宮津市）

図 2-21　伊是名島から屋那覇島に広がるサンゴ礁（2010.8、沖縄県伊是名村付近上空より）

4 地震が地形をつくるとはどういうことか？

地震のもう一つの側面

地震・雷・火事・親父……、怖いものの筆頭に挙がるのが**地震**です。一九九五年の兵庫県南部地震（阪神・淡路大震災の原因）以降、日本は地震の活動期に入ったとも言われ、特に大きなものだけを挙げても、二〇〇四年の新潟県中越地震、二〇一一年の東北地方太平洋沖地震（東日本大震災の原因）、二〇一六年の熊本地震と、今、列島は間髪を入れず強い揺れに見舞われています。

すでにお話ししたように、プレート境界に位置する日本は地震大国です。気象庁のウェブサイトを確認してみてください。マグニチュード（地震の規模を示す単位）二〜四程度の地震は、毎日どこかで複数回起きています。たとえば、二〇一七年一月六日には、有感地震（人が感じる地震）が六回もありました（北海道・兵庫・宮城・鳥取・千葉・種子島で発生）。ひとたび大きな地震が起これば、建物の破損や倒壊が起こり、場合によっては地滑りや液状化、津波が引き起こされます。有史以来、日本では地震によって幾多の貴い人命が奪われ、社会や経済は繰り返し大混乱に陥りました。

このように、地震は起こってほしくないものです。しかし、地震が起こることによって、私たちは恩恵も受けていることをご存知でしょうか。たとえば、美しい山や滝、湖の景観を眺めることができるのは、繰り返し大きな地震があったからです。地震は、湧水や温泉をもたらすこともあります。そして、地震がなければ、私たちの多くが住む、平野の存在もまた、なかったかもしれません。

まだ東日本大震災の記憶が生々しく記憶に残っている時期に、こうした地震活動の多面的な見方を授業で取り上げたところ、学生から「あまりに不謹慎だ」と叱られたことがありました。確かに、時節的に相応しい話題とは言えなかったかもしれません。しかし、地震を一つの自然現象として客観的に見ることは、自然環境に対する理解を促し、結果的に防災につながるのではないでしょうか。災いをもたらす恐ろしいものというステレオタイプを超えて、大地をつくる大きな力（営力）として、地震への理解を深めましょう。

南の海にある巨石が物語るもの

地震とは、地殻にたまったひずみが、岩石の破壊を伴って一気に解放され、揺れが発生する現象のことを言います。プラスチックの下敷きの両端を持って力を加えると、グニャリと曲がり、さらに力を強めるとある時点でバキッと折れてしまいます（危ないので実際

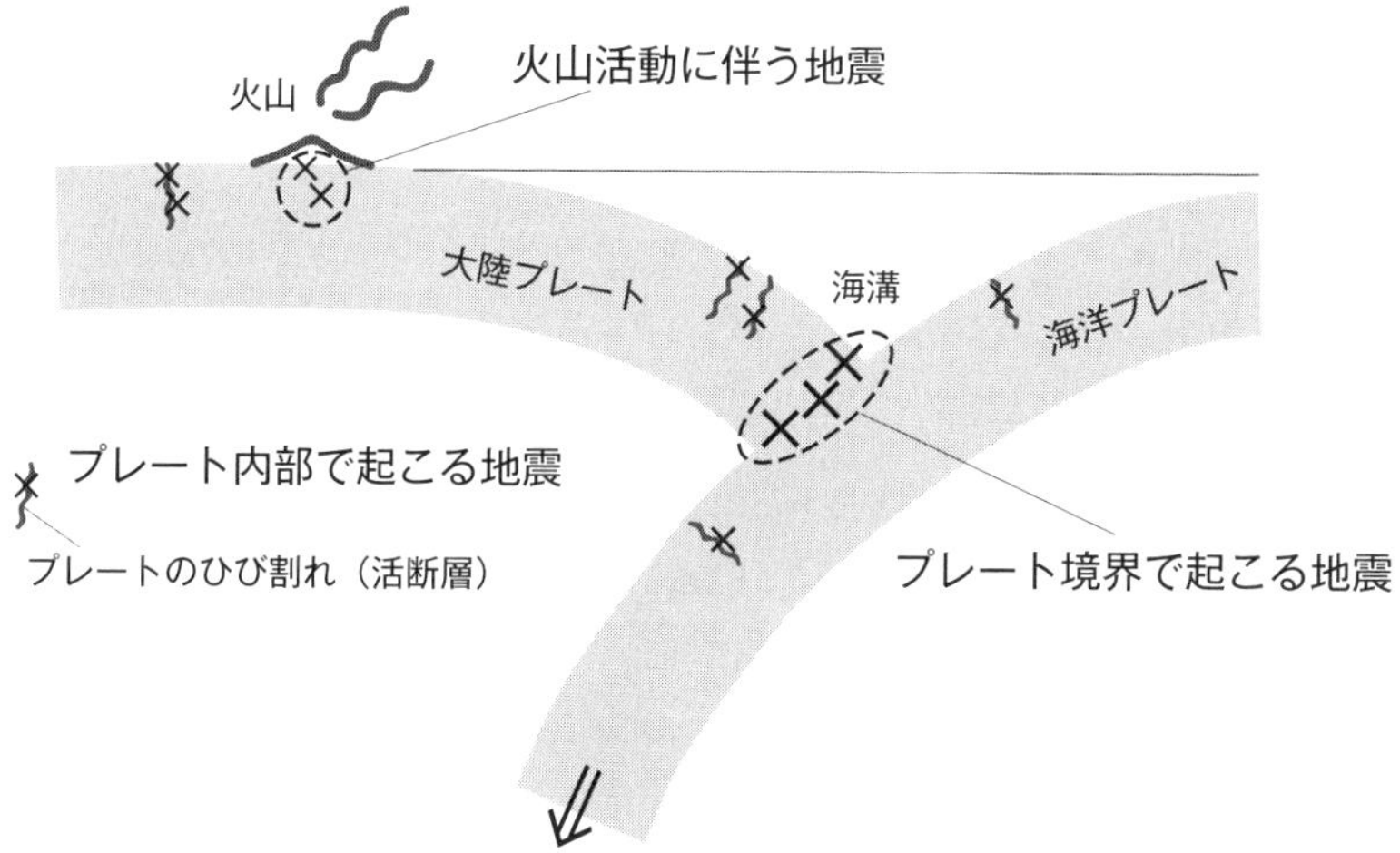

図 2-22　地震の３つのタイプ

にはやらないでくださいね）。これと同じようなことが地下で起こっているのが地震なのです。

地震には、メカニズムの点から大きく三つのタイプがあります（図２－22）。第一は、プレート境界で発生する地震。第二は、プレートの内部で発生する地震。第三は、火山活動に伴う地震です。この地震のタイプを知っておくと、地震のニュースも理解しやすくなります。

すでにお話ししたように、地球は何枚ものプレートに覆われ、それぞれ動いてますから、その境界では、地殻が広がったり、狭まったり、すれ違ったりしています。そんな場所では、プレートは動きたい方向にスムーズに動けないことが多く、無理が生じています。つまり、地殻にひずみが溜まっているのです。どのプレート境界でも地震は起こりますが、とりわけ大きな地震が頻発するのが、狭まる境界です。片方の

図 2-23　石垣島の海岸に点在する津波石（2010.9、沖縄県石垣市）

プレートが、もう片方の下に沈み込んだり、衝突したりしているわけですから、ひずみも当然大きいのです。

狭まる境界には、たいてい**海溝**がありますから、この種の地震を**海溝型地震**と呼ぶことがあります。海溝型地震の主な特徴は、震源が深いことと、規模が大きいことです。海底で大きな地形変化が起こり、大津波が発生する危険性もあります。大津波を引き起こした海溝型地震としては、二〇一一年の東北地方太平洋沖地震が記憶に新しいですし、東南アジアをはじめとしてインド洋に面した諸国に甚大な被害をもたらした二〇〇四年のスマトラ沖地震（インド洋大津波の原因）、太平洋を渡って日本にも津波が到達した一九六〇年や二〇一〇年のチリ地震などもそうです。これらの地震は世界

図 2-24　白保集落に遺る真謝井戸（2010.9、沖縄県石垣市）
八重山地震による大津波で壊滅的被害を受けた白保集落にある井戸。津波で埋まってしまいましたが、波照間島より強制移住させられた人々が掘り起こし、今に伝わっています。

中に報道され、人々に衝撃を与えました。

沖縄の石垣島に行くと、美しいサンゴ礁の浅瀬に、巨人が投げ捨てたかのように大きな石が数多く点在している場所があります（図2－23）。不思議な光景ですが、これは一七七一年に起こった八重山地震による津波の痕跡で、**津波石**と呼ばれるものです。この地震では、石垣島南東部が壊滅的な被害を受け、復興のため隣接する波照間島から強制移住が行われたという悲しい歴史も残っています（図2－24）。

ところで、プレートの移動速度はほぼ一定なので、境界におけるひずみの蓄積も一定です。つまり、プレート境界型の地震は、周期性がはっきりしています。たとえば、南海トラフ（日本南岸に連なるフィリピン海プレートとユーラシアプレートの境界。

トラフとは、「飼い葉おけ」という意味から転じて、細長い溝のことを指す）では、過去に繰り返し大きな地震が発生してきました。比較的近い時代を例に挙げると、一七〇七年の宝永地震、一八五四年の安政地震、一九四四年と一九四六年の昭和東南海・南海地震と、一〇〇～一五〇年程度の間隔で震災が発生しています。昭和の地震は、比較的規模が小さく、一部のひずみが解消していないと考えられていることもあって、現在盛んに「南海トラフ地震に警戒が必要」と言われているのです。

直下型地震とはどういうものか

さて、狭まる境界において、海洋プレートに押された大陸プレートの内部でも、あちこちに力のひずみが集中しています。この部分がひび割れたり、ひび割れが拡大したりするときにも、地震が発生します。同様に、海洋プレートも無理に沈み込む形になっているので、この内部もひび割れが存在し、地震が起こることがあります。前者は、陸域の下が震源となることが多いため、**内陸型地震**と呼ばれたり、それが都市の下であったりすると**直下型地震**と呼ばれたりすることがあります。また、後者のうち、沈み込んだ先のひび割れで起こると、震源が数百キロと深くなるので、**深発地震**と呼ばれることがあります。呼ばれ方は様々ですが、いずれもプレート内部のひび割れが原因という点で共通しています。

こうした地震は、プレート境界型の地震と比較して規模が一回り小さく、周期性もそこまではっきりしていません。しかし、震源が人の居住地に近く、しかも浅い場合があるので、地震の揺れとそれがもたらす被害は、プレート境界型地震と肩を並べるほど大きくなることがあります。決して油断してはいけない地震です。

阪神・淡路大震災を引き起こした一九九五年の兵庫県南部地震、二〇〇四年の新潟県中越地震はその典型です。海外に目を移せば、二〇〇八年に発生した四川大地震（中国）、日本人の留学生も犠牲になった二〇一一年のカンタベリー地震（ニュージーランド）もプレート内部型地震です。

二〇一七年現在も度々発生している東北地方太平洋沖地震の余震の大部分もこの類型です。大きなプレート境界型地震が起こると、境界におけるひずみは解消されますが、一帯の岩盤が大きく変形するので、周囲には逆にひずみが生じるのです。

最後に、火山活動に伴う地震を紹介しましょう。火山付近では、マグマの噴出や、火山活動に伴う地面の隆起・沈降により地震が発生することがあり、これらを「火山性地震」と呼ぶことがあります。このタイプの地震は、概して規模は小さく、地震そのものの被害はあまり大きくならない傾向があります。しかし、例外はあります。二〇〇〇年に起こった三宅島付近での群発地震では、神津島で震度六弱を記録しました。その後、三宅島は噴火を起こします。この例が示すように、火山性地震は火山噴火の前兆現象として生じることも多く、この意味で厳重な警戒が必要です。

大地のひび割れ

地震のタイプの一つとして、プレート内部のひずみを解消するためのひび割れを原因とするものがあるとお話ししました。このひび割れには、**断層**という名前がついています。ちなみに、場所によってはひび割れずにグニャリと曲がる場合もあり、これは**褶曲**《しゅうきょく》と呼ばれます。こうした断層のうち、第四紀と呼ばれる最も新しい地質時代に活動した履歴があり、現在も活動する、つまり地震を引き起こす可能性があると判断されるものを**活断層**と呼んでいます。都市の直下にあるのではないか、原発のすぐ横にあるのではないか、と盛んにニュースで報じられている活断層とは、こうしたものなのです。

断層は、垂直方向のずれによってひずみを解消する**縦ずれ断層**と、水平方向のずれによってひずみを解消する**横ずれ断層**に分けられます。さらに、縦ずれ断層には**正断層**と**逆断層**があります。このうち、正断層は、引っ張られる力によってできた断層です。発泡スチロールなどの板を斜めに切って引っ張ると、片方がずり下がりますね（長さは切る前より長くなる：図2－25）。正断層は、このようにして力を解消した結果生じるものです。逆断層は、押される力によってできた断層です。先ほど同様、斜めに切った発泡スチロールを、今度は両側から押してやると、片方がずり上がります（長さは切る前より短くなる）。これが逆断層のしくみです。多くの断層では、縦ずれ成分と横ずれ成分の両方を含んでいるので、便宜的に、成分の多さによって縦ずれ、横ずれを区別しているにすぎません。

日本は、プレートの狭まる境界にあるので、全体として押される力を受けています。したがって、日本に見られる断層の多くが逆断層です。しかし、東北地方太平洋沖地震のあとで発生した余震を調べてみると、正断層によって引き起こされている例が多く見つかりました。これは、プレート境界で力が解消された結果、陸側のプレートが伸び、一時的に引っ張られる力が働いているからだと考えられています。

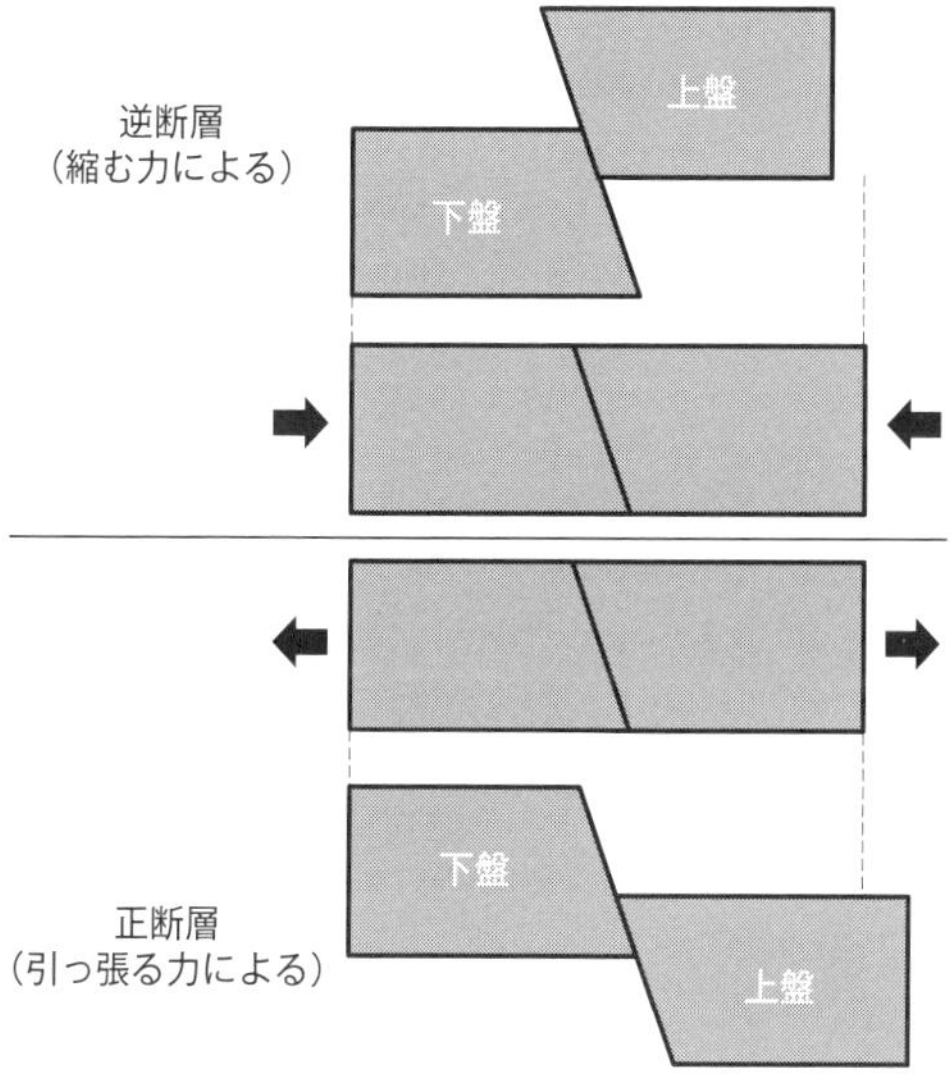

図 2-25　正断層と逆断層

断層がどんなものであるかは、実際に目にしてみるとよくわかります。特に、トレンチ（断層の部分を掘り下げて、ずれの様子を観察できるようにしたところ）を見学できる施設に足を運べば、「なるほど」と納得できます。たとえば、兵庫県南部地震で動いた断層を見学できる野島断層保存館（兵庫県淡路市・北淡路震災記念公園内）や、一八九一年の濃尾地震で動いた根尾谷断層を見学できる地震断層観察館・体験館（岐阜県本巣市：図２－26）などがあります。こうした施設で、積み重なった地層が断層

b

図 2-26　濃尾地震により大きく動いた根尾谷断層（2005.7、岐阜県本巣市）

ⓐは地震断層観察館に保存されているトレンチ。断層の縦断面を見ると、縦に 6m もずれ動いたことがよくわかります。ⓑは、現在も野外に残る断層崖。

を境に断裂し、大きく崩れてしまっている様子を目の当たりにすると、生きた大地の持つすさまじい力を実感します。根尾谷断層は、展示施設の外でもずっと縦ずれが続いていて、活動から百年以上が経過した今日でも、数メートルの段差を確認できます（ちなみに、近くには茶畑の中に横ずれ断層を確認できる場所もあります）。このように、断層によって形成された段差を**断層崖《がい》**と呼びます。

平野があるのは地震のおかげ

さて、断層は繰り返し活動することが知られています。つまり、地震が起こるたびに、断層はずれを広げるのです。たとえば、縦ずれ断層では断層崖がどんどん高くなります。すると、最初はちょっとした断層崖だったものが、いつの間にか丘陵や山地になってしまうことがあります。こうした例を**断層山地**と呼びます。まさにこれが、「地震が地形をつくる」ということなのです。

日本には、断層山地が非常に多く確認されます。中部地方の例を挙げると、木曽山脈・鈴鹿山脈・養老山地などがそうですが、これらは伊勢湾や濃尾平野の形成とも大きく関わっています。このうち、養老山地を詳しく見てみましょう。

低平な濃尾平野の西の果てに、屏風のように連なるのが養老山地です。標高千メートルに満たない比較的小さな山地ですが、冬になると若狭湾からなだれ込んだ雪雲が、なだらかな尾根付近に適度な雪を積もらせ、格好の雪山遊びのフィールドとなります。私も、何度となくワカンやアイゼンを履いて、日帰りのスノー・ハイクを楽しみました。濃尾平野側から登山を開始すると、のっけから急な斜面となり、まだ準備のできていない体は悲鳴を上げます。それに耐え、喘ぎながらしばらく登ると、急に視界が晴れ、尾根に達したことがわかります。ここからの眺めは素晴らしく、晴れた冬の日であれば、濃尾平野のすべてを一望のもとに収めることができます。その情景について、ある登山ガイドには「気球に乗ったような気分になる」と書いてありました（図2－27）。

挑戦的な急斜面と雄大な景観は、すべて断層で説明することができます。養老山地と濃尾平野の境界には、養老―桑名―四日市断層帯という長大な逆断層が走っています。この逆断層は東西方向の押される力を受けて形成されたもので、西側（鈴鹿山脈・養老山地側）が持ち上がり、東側（伊勢湾・濃尾平野側）が沈む活動をしています。したがって、喘ぎながら登る東側斜面は、急峻な断層崖そのものだったのです。その前面には遮るものが一切ないので、「気球に乗った」ようにクリアな景観が望めるのです。

この養老山地の成長を、もう少し大きなスケールで見てみましょう。隆起した西側の養老山地に対して、東側は沈降しています。ここには、海水が入り込んで海（伊勢湾）になりました。一方、この海に流れ込む河川（現在の木曽川・長良川・揖斐《いび》川のいわゆる木曽

図 2-27　養老山地より濃尾平野を眺める（2012.3、岐阜県海津市）

三川）の上流にある美濃・飛騨・木曽方面は隆起を続けています（これを濃尾傾動運動と言います）。隆起した山々から削られた土砂は、これらの河川を伝って、伊勢湾に流れ込みました。こうして、海中に投げ出された土砂が低平に堆積し埋まったところが、名古屋などの街がつくられることになる濃尾平野なのです。

濃尾平野の空中写真を見ると、木曽三川をはじめとした伊勢湾に流れ込む河川は、平野の中央部を貫いてもよさそうなのに、すべて西側に回り込んで流れています。特に、河口付近を見ると、木曽三川はすべて養老山地すれすれを通っています。なぜでしょうか。実はこの現象も、断層運動の証拠の一つです。断層に近い西側ほど土地が沈降しているため低いほうを目指して流れる水はそちらに寄ってしまうのです。

養老山地と同様の成り立ちを持つ山地は、大阪平野の東を区切る生駒山地や、神戸の街の背後にそびえる六甲山地など、日本には枚挙にいとまがありません。

ネッシーは断層湖に住む？

断層の活動によって盆地が形成され、特に低く窪んだ場所に水が溜まって湖になることがあります。それぞれ**断層盆地・断層湖**（構造湖）と呼びます。

知られていないだけで、断層湖は意外にたくさんあります。日本で最も大きな湖、琵琶湖は代表的な断層湖ですし、信州の諏訪湖や青木湖もそうです。諏訪湖は、湖の両側に平行に並ぶ横ずれ断層があり、挟まれた部分が外へ、外へと移動するように活動しているので、その部分が窪み、水が溜まったという変わった構造をしています。

断層湖は、長い期間存在し続けるという特徴を持っています。それは、断層活動のたびに深くなるので、周りから土砂が流れ込んで埋まってしまうことがないからです。それゆえに、古代湖と呼ばれることもあります。

たとえば、琵琶湖は四〇〇万年ほどの歴史があると言われます。最初は、上野盆地に成立した大山田湖という比較的小さい湖だったものが、時代によって位置や形を変えながら北上し、ほぼ現在の位置になってからも数十万年経っています（※）。

それだけ長い間、周囲から切り離された水域が成立すると、たまたまそこにたどり着いた水に依拠した生物は、その環境に適応して独自に進化をすることがあります。ほかと交流が途絶するので、遺伝子が混じらないのです。琵琶湖には、ビワコオオナマズやホンモロコといった固有種が多く存在します。後ほど生物地理学をお話しする際に紹介する、ガラパゴスの湖バージョンといったところです。

海外にも断層湖はあります。中でもアフリカ南部にあるタンガニーカ湖・マラウイ湖・ヴィクトリア湖はその好例としてよく挙げられます。タンガニーカ湖・マラウイ湖は、大地溝帯（グレート・リフト・バレー）と呼ばれる、今まさにプレートが引き裂かれようとする場所に生まれた巨大な溝に生じた湖です。また、ヴィクトリア湖は、東西に分かれた大地溝帯に挟まれたところに生まれた湖です。やはり歴史が古く、タンガニーカ湖が約一二〇〇万年、マラウイ湖が約二〇〇万年と言われますが、ヴィクトリア湖は氷期（第三章参照）に干上がったそうで、一万数千年とされています。

これらの湖には、カワスズメ（シクリッド）と総称される魚がいます。カワスズメは非常に多様な色や形を持っており、こうした形態で区別される種は、三つの湖で一千種以上とも言われます。つまり、たまたまたどり着いたわずかなカワスズメが、湖の歴史の中で爆発的に多様化したのです。気の遠くなるような歴史を持つタンガニーカ湖・マラウイ湖ならまだ理解できる話ですが、たった一万年そこそこしか歴史を持たないヴィクトリア湖でも非常に多様な固有種がいるのです。生命の持つ柔軟性とともに、断層湖の奥深さも感じますね。残念なことに、現在、ヴィクトリア湖は環境破壊が著しく、特に食用として放流されたナイルパーチという大型肉食魚によっていくつかの種は絶滅してしまったとのことです。二〇〇四年に公開されたドキュメンタリー映画『ダーウィンの悪夢』では、こうした現状が描き出されています。

古代の生物と言えば、ネッシーが有名ですね。あのロマン溢れる生物は、残念なことにまったくのフェイクだったわけですが。ネッシーが住んでいるとされたスコットランドのネス湖も、イギリス最大の淡水湖にして、断層湖です。しかし、この湖の歴史は意外に浅く、この周辺は最終氷期が終わるおよそ一万年前まで、厚い氷河に覆われていました。断層による地形はあっても、水がなかったのですね。ですから、六四〇〇万年前に滅びた恐竜の子孫が、湖に潜んで生き残ることは、理屈のうえでも難しかったようです。けれども、水深が深く、満々と水をたたえる断層湖だからこそ、「あんな場所なら住んでいるに違いない」と、人々の心の中にネッシーが息づいたのかもしれません。

※琵琶湖は連続して四〇〇万年存在したのではなく、一時干上がった時代もあったと考えられています。

5 なぜ、川の下をくぐる鉄道があるのか？

川をくぐる鉄道の謎

♪今は山中、今は浜。今は鉄橋渡るぞと、思う間も無くトンネルの、闇を通って広野原。言わずと知れた童謡「汽車」の一節です。子どもの頃に歌った人も多いのではないでしょうか。この歌の歌詞は、細かな地形が目まぐるしく変化する日本の地形環境の特徴をよく表しています。線路は、街と街を結ぶ間に、山を、海岸を、そしてたくさんの川を横切ります。さて、鉄道はふつう、この歌にあるように橋を使って川を跨ぎますよね。ところが、世の中には、川の下をトンネルでくぐるという変わった横切り方をする鉄道がありま す。

三重県の桑名と岐阜県の大垣をつなぐ養老鉄道は、濃尾平野西縁ののどかな田園地帯を走るローカル鉄道です。桑名を出発してしばらくすると、養老山地の山麓に到達します。車窓から、果樹園の広がる伸びやかな風景を眺めていると、石津という駅を過ぎたあたりで息を呑むことになります。ゴーッという音とともに、電車が唐突にトンネルに吸い込まれてゆくからです。山の中でもないのに、なんということでしょう！　地図で確認すると、トンネルの上に川が流れていることがわかります（図2―28）。なぜ、こんな不思議なことが起こっているのでしょうか。

この謎を解くカギは、私たちの暮らしに最も身近な地形、**平野**の成り立ちにあります。これから一緒に、平野の成り立ちを眺めながら、この謎を解き明かしていきましょう。そこには、日常の暮らしに役立つ知識も多く含まれています。

削られても積もってもできる

皆さんの中には、丘陵地を均した新興住宅地や、山間部にお住まいの方もいるかもしれませんが、日本の人口は平野に偏った分布をしています。札幌・仙台・東京・名古屋・大阪・広島・福岡といった、地域の中核をなす大都市のほとんどが平野に立地しています。平野は、社会的に見れば政治・経済の中心地であり、大変重要な地形です。

平野とは、ある程度の面積を持つ平坦な地形です。山に囲まれた平坦な地形は盆地と呼ばれますが、広く意味をとれば、盆地は平野の一形態と言えます。平坦なため、土地の利用がしやすく、人が多く集まるのです。

ではなぜ、平坦な地形ができるのでしょうか。その理由として、二つのパターンが考えられます。一つは土地が削られて均されること、もう一つは、土砂が平らに堆積すること

図 2-28　養老鉄道が盤若谷をくぐる部分（2012.4、岐阜県海津市）

ⓐは踏切から撮影した盤若谷をくぐるトンネル。ⓑはトンネルの横を盤若谷に向かって登る坂道。ⓒは川幅が広くほとんど涸れ川となっている盤若谷。

です。

長い時間をかけて地表面が削られ、平坦になった場所は、**侵食平野**と呼ばれます。風化や侵食といった地球の外側からの力で平坦になろうとしても、地球の内側から持ち上がろうとする力が働けば、いつまで経っても平坦になりません。ですから、侵食平野は、内的営力のほとんど働かない安定陸塊に多い傾向があります。先に、安定陸塊との関連で説明した構造平野は、侵食平野の一形態と言えます。具体的には、東ヨーロッパや北アメリカ東部の平原が当てはまります。

水などの作用で運ばれた土砂が、平坦に積もり平らになった場所は、**堆積平野**と呼ばれます。実際には、浅い海や湖を埋め立てて平らになることが多いのですが、それだけたくさんの土砂が生産されなければ成り立ちません。それには、平野の周りの山がどんどん高くなって、不安定な地形環境があることが不可欠です。ですから、堆積平野は新期造山帯に多い傾向にあります。具体的には、イタリアなどヨーロッパ南部、アメリカ西海岸、大部分の日本の平野が当てはまります。

西部劇の舞台は侵食平野

侵食平野は削られてできるとお話ししましたが、その程度は一様ではありません。大地を構成する地層には、柔らかなものもあれば、硬いものもあり、それらが交互に積み重なっていることもあります。当然のことながら、柔らかな地層はどんどん削られますが、硬い地層はゆっくりとしか削られません。両者に同じ程度の侵食力が働いた場合、硬い部分が削り残されることになります。こうした状況を**差別侵食**と呼びます。この差別侵食が起こると、特徴的な地形が現れることがあります。

フランスのパリ盆地では、柔らかな地層と硬い地層が交互に積み重なり、その中央部がへこむようにたわんでいます。つまり、盆地の縁辺では斜めに硬軟の地層が並んでいるのです。柔らかな地層が先に削られると、硬い地層が現れます。結果、削られて緩やかになった柔らかい地層の斜面と、削られ残った硬い岩盤の急な斜面が交互に続く地形が見られます。これを、**ケスタ**と呼びます。ケスタの斜面は、水はけがよいのでぶどう園などに利用されています。フランスのおいしいワインは、こんな場所で作られるのですね。

一方、アメリカ中央部の大平原・グレートプレーンズには、西部劇によく現れるような、そびえ立つテーブル状ないし煙突状の地形がよく見られます。これも、差別侵食が生んだ地形です。ここにも硬軟の地層が存在していますが、今度は水平に積み重なっています。侵食も水平に進むのですが、特に硬い部分が削り残されると、そこが蓋のようになって、その下部の侵食が難しくなります。こうして、周りから取り残されてできたテーブル状の地形を**メサ**、側面から侵食が進んで細った煙突状の地形を**ビュート**と呼びます。メサの巨大版は、テーブルマウンテンと呼ばれることもあります。

図 2-29　讃岐平野の周囲に見られる円錐形の山や島
（ⓐ 2016.8、香川県高松市、ⓑ 2016.10、香川県丸亀市）

ⓐは大槌島と小槌島、ⓑは飯野山（讃岐富士）など。いずれもビュート地形。

メサとビュートは、数は多くありませんが、日本にもあります。瀬戸内地方を旅すると、讃岐富士（香川県の飯野山）のようにきれいな円錐形の山や島をよく見かけます（図２－29）。これが日本版ビュートです。頂上の部分に、サヌカイトと呼ばれる硬い岩盤があり、その下の侵食が妨げられてできました。また、高松市街地の東には、屋島と呼ばれる台地があります。これは日本版メサです。やはり、頂上の平坦部にサヌカイトの岩盤があります。

川がつくる日本の平野

日本は新期造山帯に属するため、平野のほとんどは堆積平野です。堆積平野のうち、特に川によって形成されたものを、**沖積平野**と呼びます。沖積とは「川が土砂を堆積させた」というほどの意味です。

その証拠に、日本の主な平野を見ると、たいてい川が流れています。関東平野には利根川や多摩川、濃尾平野にはいわゆる木曽三川（木曽川・長良川・揖斐川）、そして大阪平野には淀川があります。こうした川の上流には、成長を続ける山地があり、そこが土砂の源になっているということは、前の節で紹介しました。

さて、沖積平野をよく見ると、周りを斜面で囲まれた少し高い部分と、現在川が流れている高さに均された低い部分があります。前者を**台地**（※）、後者は**沖積低地**と呼びます。このような台地は、場所によっては高さを変えて何段も存在することがあります。このような台地は特に**段丘**と呼ばれ、平坦面は**段丘面**、それを縁取る斜面は**段丘崖**と言います。このように、平野と言っても一様に平坦というわけではなく、台地と低地から成り立っているのです。なぜ、このようなことになっているのでしょうか。台地には海の作用によってできたもの（**海成段丘**）もありますが、話を簡単にするために、ここでは河川の作用によるもの（**河成段丘**）に絞って紹介しましょう。

沖積平野は、川が運んだ土砂が、海や湖に投げ出され堆積することで形成されることはすでにお話ししました。したがって、海の高さが平野の高さの基準になります。河成段丘がつくられる背景には、この海の高さが、時代によって異なることがあります。

皆さんは、氷期と呼ばれる寒冷な時代に、日本列島の一部と大陸が地続きになり、人々が渡ってきたことをご存知でしょう。氷期には、極地方を中心に広大な氷床が形成されるので、海の水が地表に汲みだされた形になり、海水面が下がります。こうした氷期については、第三章で詳しくお話ししますが、一回だけでなく、何度も繰り返し起きていることが知られています。つまり、氷期が訪れるたびに海水面が下がり、間氷期と呼ばれる暖かい時代には、海水面が上がります。

したがって、暖かい時期には、海水面に従って高い位置に土砂が堆積しますが、氷期になると下がった海水面に従って、川底が掘り下げられることになります。いまだに掘り下げられていない古い堆積面が台地であり、掘り下げられた低い面が沖積低地というわけで

図 2-30　陣馬形山から望む伊那谷の河成段丘（2011.1、長野県豊丘村）

す。この繰り返しで形成されたのが、階段状の段丘です。

ちなみに、海の水かさが変わらなくても、地表面が持ち上がれば海水面は相対的に下がることになります。つまり、前の節でお話ししたような断層運動によって低地が隆起した場合も、同じように河成段丘がつくられることがあります。

河成段丘の有名どころと言えば、長野県の伊那盆地です。伊那盆地の底には、天竜川が運んだ土砂が堆積していますが、それが見事なまでに階段状になっています（ただし、一部は断層崖です）。伊那盆地の西にある陣馬形山の頂上に登って西を眺めると、屏風のように連なる中央アルプス（木曽山脈）の前に、幾段もの段丘が広がっています。ダイダラボッチがアルプスに登るための踏み台にでもしたような感じです（図2－30）。

※台地は、単に「台状の土地」を意味する言葉です。分布は沖積平野に限りませんし、様々な成因によって形成されます。先に説明した卓状地は台地と同義で使われることもありますし、メサも一種の台地です。
　ここで話題にした沖積平野に見られる台地には、河成のものと海成のものがあり、教科書などでは、それらを総称して「洪積台地」と呼んでいることが多くあります。ここで注意しなければいけないのが、洪積台地という言葉は本来、沖積平野に見られる台地の総称ではなく、「洪積世につくられた台地」という意味を持つ言葉だということです。このことを踏まえると、この言葉は問題を二つ孕んでいます。

　まず、地質学・地形学では、しばらく前から洪積世という言葉を使わなくなった点です。現在は、同じ地質時代は更新世と呼んでいますので、専門家の間ではこの時代の台地を「更新世段丘」と呼んでいます。もう一つの問題は、沖積平野には、さらに後の時代である完新世につくられた「完新世段丘」も存在しているという点です。

　このような理由から、この本では沖積平野に存在する台地を「洪積台地」と呼ばず、曖昧さを残す大づかみな言葉ですが「台地」という言葉に代えています。

春の小川を生んだ湧き水のあるところ

台地と沖積低地（以下、低地）では、様々な土地の条件が異なるため、それに合わせて土地利用も異なっています。

顕著な違いが確認できる場所としてよく例示されるのが、関東平野の一部をなす下総台地です（図2－31）。千葉県北部の、成田空港が立地する辺りですね。ここでは、一〇メートルから二〇メートルほどの標高差を持って、はっきりと低地と台地が分かれています。台地を見ると、大部分が畑地として利用され、所々に集落が点在しています。空港があるのも、基本的には連続した平坦地が確保できる台地上です。

台地は一般に、水はけのよい粗い粒子の土砂で構成されています。下総台地も例にもれず、降った雨は、水はけのよい礫質の地面にそのまましみ込んでしまいます。ですから、かつては耕地にするのが難しく、牧場として使われていました。下総台地の人々は、そこを、粘り強い努力によって豊かな耕地に変えたのです。そこに降って湧いたのが巨大空港の建設計画でした。血と汗の滲んだ思い入れのある農地が、国の権力によって取り上げられてしまう。許せない。そう思った地主が大勢いました。こうして始まったのがいわゆる成田闘争です。土地を守る戦いはいつしか政治闘争になり、テロリズム的な暴力沙汰も起こってしまうのですが。

さて、低地についても見てゆきましょう。下総台地に限らず、低地は台地を侵食する河川に沿って樹枝状に広がっています。台地と異なり水の便がよいため、主に水田として利用されています。台地にしみ込んだ雨水は、礫層をくぐって段丘崖の下で地表に現れます。つまり、台地と低地の境界には往々にして湧水が存在することになります。

やはり関東平野の一角をなす東京・山の手には、武蔵野台地と呼ばれる台地が広がっています。この台地も、例にもれずやはり樹枝状に低地が刻まれています。皆さんは、のどかな田園の水辺を歌った童謡「春の小川」をご存知ですよね。スミレやレンゲが岸辺に咲き、メダカが泳ぐ小川のモデルは、武蔵野台地を刻む渋谷川の上流域だとも言われていま

図 2-31　下総台地の風景（2012.9、千葉県旭市）

台地上ⓐは黒っぽい関東ローム層に覆われた平坦な畑地になっています。段丘崖は森林として利用され、そこを下った沖積低地には水田と民家が見えますⓑ。

す。今でこそ建物に覆われ地形がわかりにくくなっていますが、歌が作られた明治〜大正の頃は、段丘崖より湧き出した清らかな水が流れていたことでしょう。もし、その名残を見たければ、明治神宮御苑に行くことをお勧めします。協力金を払い、坂（段丘崖）を下っていくと、森林に囲まれ、細長く開けた低地に至ります。ハナショウブなどの水辺の草花が植えられた低地を遡ると、その最も奥（谷頭《こくとう》）には、実際に水が湧いています（図２−32）。

図 2-32　明治神宮御苑に見られる開析谷と谷頭の湧水（2014.4、東京都渋谷区）

都心付近の原地形が観察できる貴重な場所です。ⓐ細長く開けた沖積低地（開析谷）は、水気が豊富なため花菖蒲が植えられ、ⓑその谷頭には清正の井戸と名付けられた湧水が存在します。

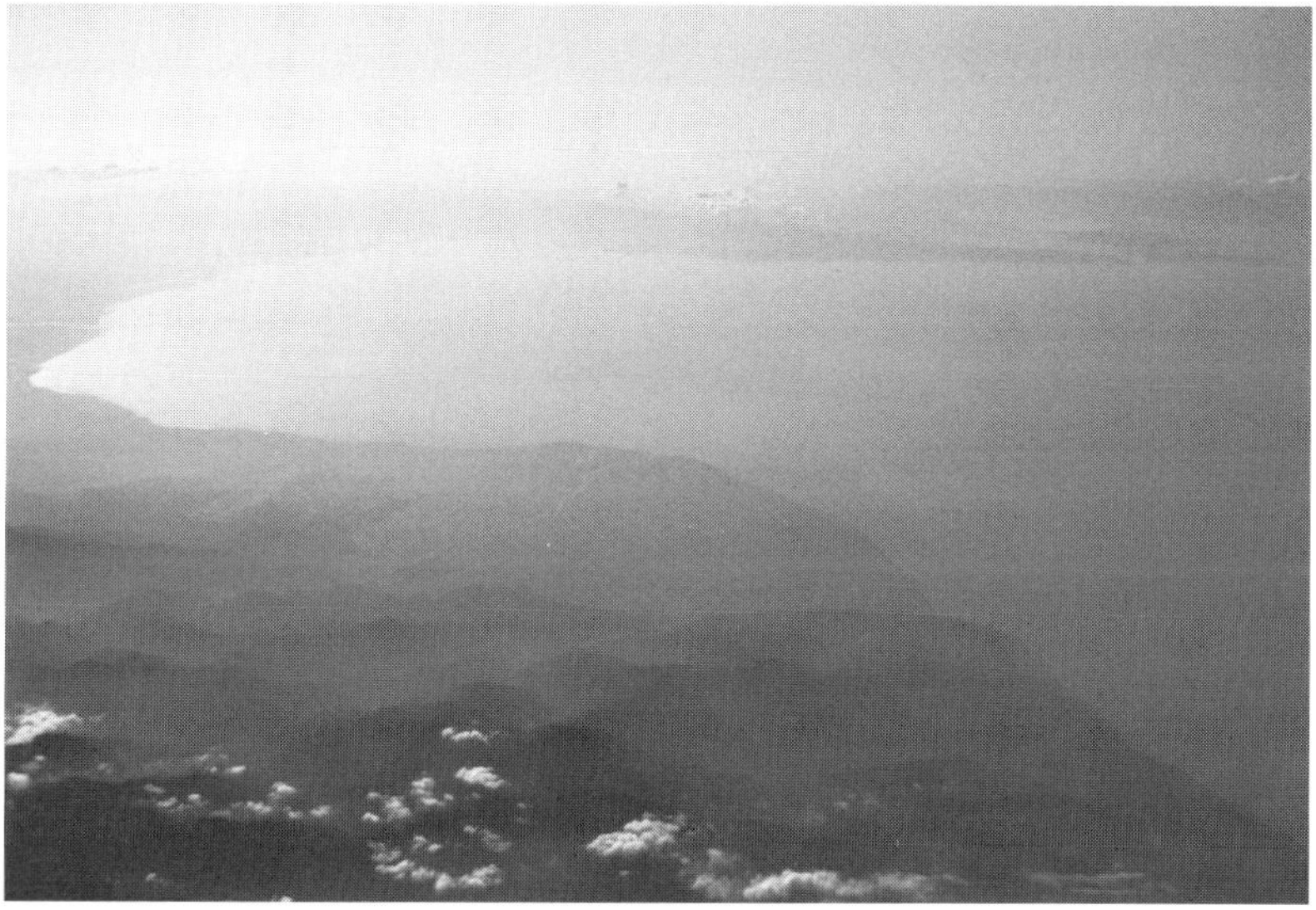

図 2-33　扇端が海に接する黒部川扇状地（2008.9、富山県付近上空より）

沖積低地の三つのエリア

平野のうち、現在も川が土砂の堆積を続けている部分である沖積低地について、さらに細かく紹介しましょう。川が平野に出てから海岸（場合によっては湖岸）に至るまでの間で、沖積低地は三つのエリアに分けられます。上流からそれぞれ、**扇状地帯**、**自然堤防帯**、**三角州帯**と呼びます。ただし、必ずしもすべての河川に三つのエリアが存在するわけではありません。たとえば、富山湾に注ぐ黒部川や、駿河湾に注ぐ大井川のように扇状地帯が直接海に接しているような河川もあります（図２－33）。

同じ沖積低地でも、エリアによって土地条件は大きく変わります。この条件は、場所による土地利用の違いや街の成り立ちに強く影響しています。そして、条件によって起こりうる自然災害も異なるので、各エリアの特徴を知っておくことは、防災にも役立ちます。「川をくぐる鉄道」の謎も、ここでいよいよ解くことができます。それでは、上流から順を追って見てゆきましょう。

桃源郷を生む扇状地

河川は、山地では峡谷をなし、水は狭い水路に集まってごうごうと流れています。勢いがよいので、山地の河川は大地を削る一方となり、堆積作用はほとんど働きません。土砂はどんどんと下流へ運ばれます。ところが、河川が平野に達すると、川幅が広がり勾配も緩やかになりますから、水深や流速は一気に減少します。そうすると、もはや重量のある粗い土砂を運ぶことができなくなり、河道周辺に砂礫を堆積させることになります。深い峡谷から一気に広い場所に出るので、河川の流路は安定せず、自然の状態では洪水のたびに変化します。峡谷の出口を頂点として、流路が右に行ったり左に行ったり、また戻ったり……を繰り返すわけです。その先々で粗い土砂が堆積するので、最終的には峡谷の出口を頂点とした円錐形の地形が出来上がります。これが**扇状地**であり、その一帯の沖積低地を扇状地帯と呼びます。

扇状地は部位によって呼び分けられています。扇の要の部分（峡谷の出口付近）を**扇頂**、扇が広がった最下流部を**扇端**、両者に挟まれた真ん中を**扇央**と言います。扇状地を流れる

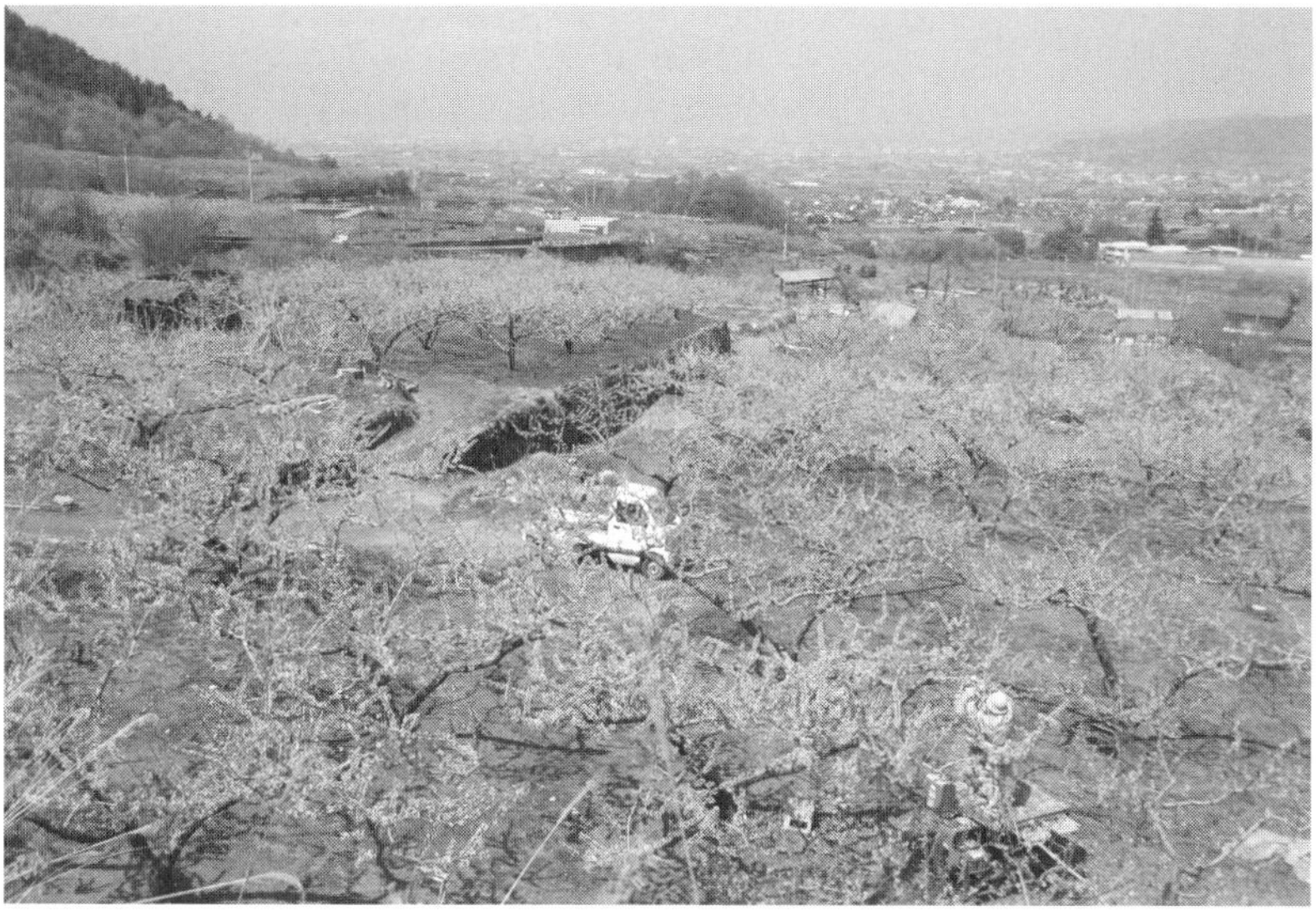

図 2-34　金川（笛吹川支流）が形成した扇状地一面に広がる桃畑（2011.4、山梨県笛吹市）

河川は、堆積した砂礫からなる中州と、幾筋もの河道からなる広い河原を形成します。ところがこの河川は、常に水があるとは限りません。堆積物が粗粒で水はけがよいので、伏流と言って、地表面下に潜ってしまうからです。水が伏流した河川は、**涸れ川**と言います。なお、伏流した水は扇状地堆積物の尽きる扇端で湧き出します。これは、先に説明した段丘崖の下の湧水と同じような仕組みですね。

このように、沖積低地であっても扇央は水に恵まれないため、水田には適しません。そこで、果樹園や畑地としてよく使われます。教科書によく紹介されるように、山梨県の甲府盆地に流れ込む河川は、いずれもきれいな扇状地を形成しています。そこには、一面の桃畑が広がっています。春に扇頂付

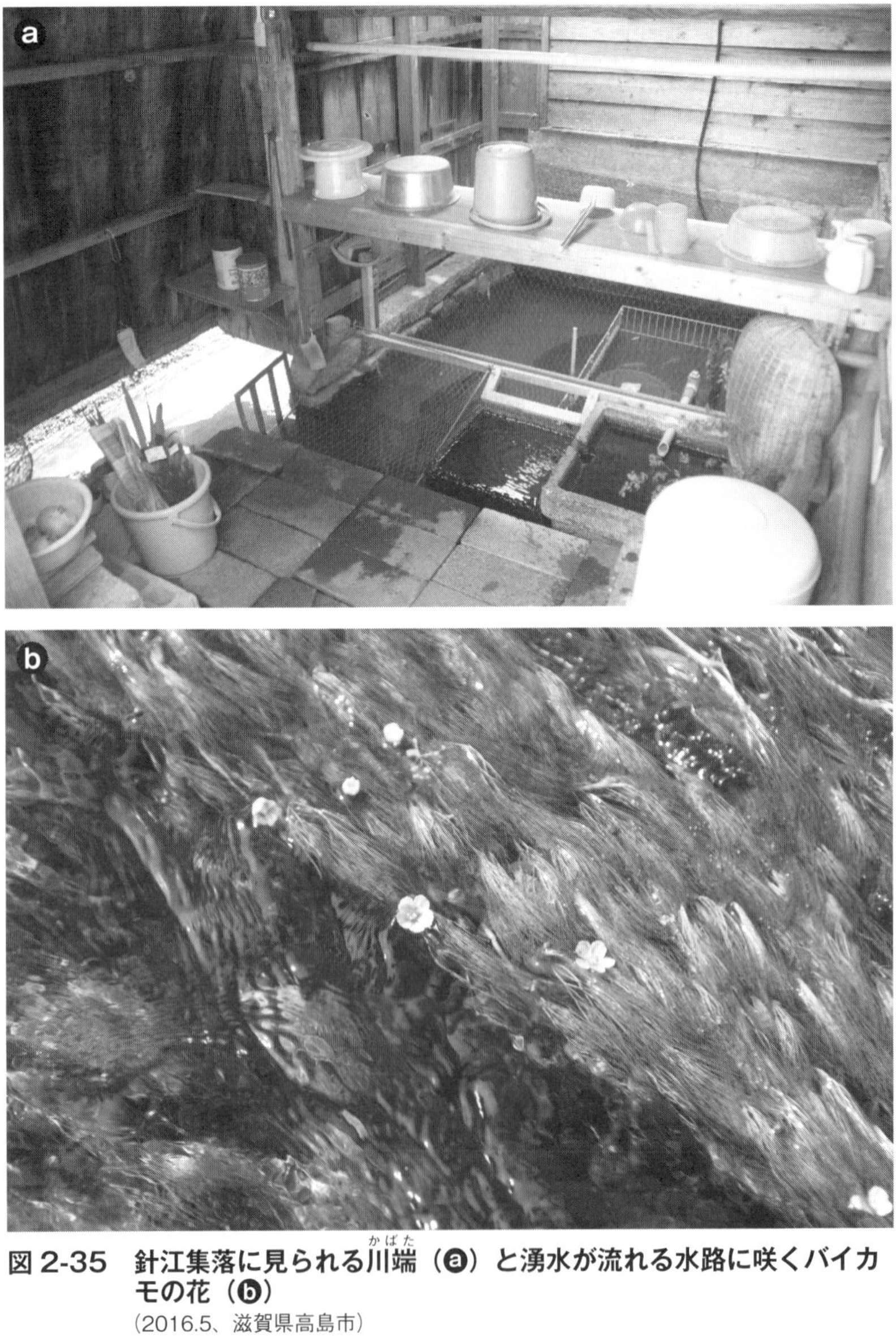

図 2-35　針江集落に見られる川端《かばた》（ⓐ）と湧水が流れる水路に咲くバイカモの花（ⓑ）
（2016.5、滋賀県高島市）

近から眺めたことがありますが、これが桃源郷かと思うほどに見事な景色でした（図2－34）。扇状地の地形と人の営みがつくり出す絶景と言えるでしょう。余談ですが、少し経って桃の実る時期に行くと、新鮮な桃が方々の畑で安く直売されますから、『花より団子』の食いしん坊でも楽しめます。

一方、扇端は水が湧きますから生活に便利です。このため、多くの扇状地では扇端に沿って帯状に集落が形成されています。これを**扇端集落**と呼びます。扇端集落は湧き水の里なのです。ちょっと面白い例として、琵琶湖に注ぐ安曇川の扇状地の扇端付近の集落を取り上げてみましょう。そこでは「川端《かばた》」と呼ばれる独特の文化があります（図2－35）。湧き水を庭先や家の中に引き込み、食器を洗ったり、野菜を冷やしたりする場所として使うのです。魚を飼っているお宅もあります。高島市の針江という集落がその代表ですが、かつては静かな場所でした。ところが二〇〇四年、NHKのドキュメンタリー番組『映像詩里山　命めぐる水辺』で紹介されて以来、一躍脚光を浴び、現在は川端を巡るエコツアーで賑わっています。

高いところに流れる川とは？

さて、扇状地では河川が多量の土砂を堆積させることを紹介しました。さらに、度々流路を変えるために、扇状地が成り立っているわけです。この川の特徴は、そこで生活する人にとってはどう映るでしょうか。人の側から見れば、扇状地における河川は、頻繁に越流と洪水を繰り返す暴れ川にほかなりません。そこで、人は川が暴れないように（流路を容易に変更しないように）両岸に堤防を築きます。

すると、逃げ場を失った土砂は堤防内に次々と堆積し、河床はどんどん上がります。そうなると、せっかく堤防を造った意味がなくなりますから、さらに高い堤防を築かなくてはなりません。こうして、もともとの地表よりもずいぶん高いところに川が流れるようになります。これを**天井川**と呼びます。扇状地に特徴的な地形ですが、自然の状態で形成されることはほぼなく、人の関与によってできた地形と言えるでしょう。

天井川は植生が貧弱なために山から大量の土砂が供給され、周囲に高密度に人が住んでいるところでつくられやすい傾向があります。このような特徴から、天井川は兵庫県や滋賀県をはじめとした西日本に多い傾向があります。六甲山から南側の市街地に流入する武庫川・芦屋川・寝屋川や、琵琶湖に流入する草津川・家棟川・百瀬川などはその典型で、これらの集水流域の多くは、はげ山地帯として知られていた場所でした。

さて、天井川を鉄道や道路が横切る場合はどうするのでしょうか。特に鉄道は急勾配が苦手なので、川の下にトンネルを掘って通すことがしばしば行われます。そう、これこそが川をくぐる鉄道の正体なのです。

実際に、章の冒頭で紹介した養老山地東麓の川をくぐる鉄道を観察してみましょう。現

図 2-36　養老山地東麓に連なる連続扇状地（2012.3、岐阜県海津市）

写真右上から左下にかけての対角線付近が扇状地の扇端にあたります。道路が扇端に沿って湾曲し、付近には扇端集落が確認できます。

場は、養老山地から麓の揖斐川に至る短い河川、盤若谷《はんにゃだに》の扇状地です。養老山地の東麓では、盤若谷のほかにも、山崎北谷・羽根谷などたくさんの河川が扇状地をなしています（図2－36）。この一帯を、養老鉄道が走っています。地形図を見ると、盤若谷扇状地の扇央には果樹園のマークが並んでおり、その下部には石津という扇端集落が立地しています（図2－37）。実際に歩くと、ミカン畑などが広がる典型的な扇状地の土地利用が観察できます。等高線はきれいな円弧を描いていますが、涸れ川を示す破線で描かれた盤若谷の近傍は下流に膨らんでいます。つまり、河川周辺が相当高くなっているのです。この下をくぐるように、養老鉄道と国道二五八号線が通っています。

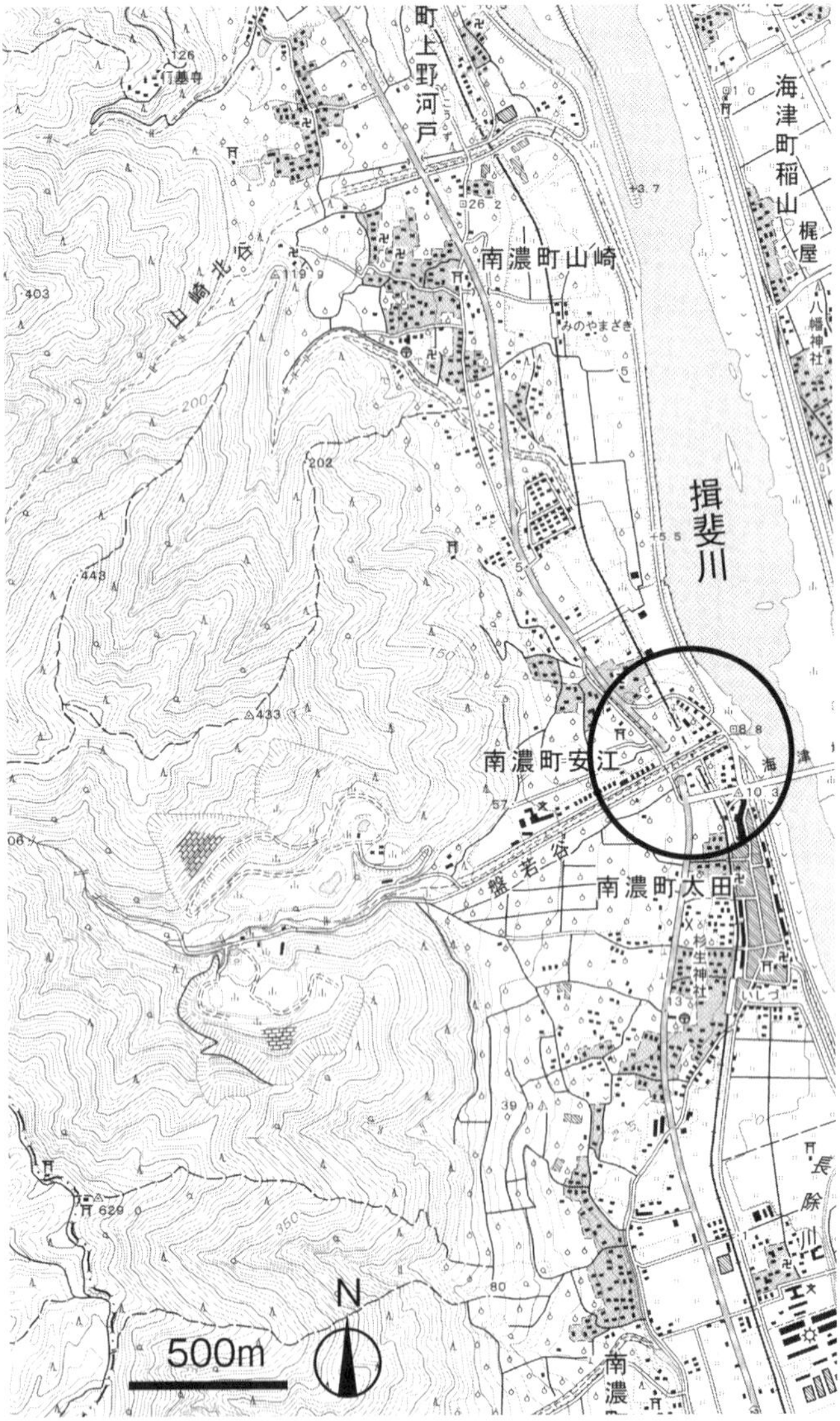

図 2-37　盤若谷付近の地形

円で囲った部分で養老鉄道が川をくぐっています。この地図は、国土地理院発行の２万５千分１地形図（駒野）を使用したものです。

ちなみに、この近くには、海津市の天然記念物であるハリヨの棲息地があります。ハリヨは、湧水のある水域によく見られるトゲウオ科の淡水魚です。湧水のある場所の減少や、水質汚濁によって棲息地が減少し、環境省のレッドリスト（二〇一七年版）では、絶滅の危険性が非常に高い「絶滅危惧ＩＡ類」にランクされています。扇状地の地形は、こうした小さな生き物も育んでいるのです。

川に沿った帯状の集落が意味するもの

扇状地帯を抜けた河川は、自然堤防帯に至ります。地形はより低平になり、河川の堆積作用はさらに強まります。自然堤防帯では、出水時に河道から水が溢れ、あたり一面に広がることがあります。こうした河川の氾濫が及ぶ範囲を**氾濫原**と呼び、この河川氾濫の作用によって、自然堤防帯では様々な地形がつくられています。

自然堤防は、河道に沿って形成される、砂などのやや粗粒な物質によって形成された水はけのよい微高地です。川が溢れたとき、水は急に浅いところ（普段の河道の外）に出ます。すると、流れが弱まって粗粒な土砂が運べなくなるので、あたかも堤防のように河道の外側に堆積するのです。こうした場所は周囲より数十センチから時には数メートル高くなり、水害を免れやすいことから、昔から集落がよく立地しました。比高はわずかなので、等高線としては地形図に表現されないことが多いのですが、集落が帯状に連なっていることで、それとわかる場合がよくあります。水はけがよいので、集落のほかに、果樹園や畑として利用されることもあります。ただ、でき方を考えてみればわかるように、必ず洪水から免れる場所ではないことも知っておくべきでしょう。

自然堤防の背後には、**後背湿地**と呼ばれる水はけの悪い軟弱な土地が広がっています。度々河川が氾濫して水浸しになるうえに、その水がなかなか抜けない、かつては本当の湿地（ウェットランド）でした。ですから、こうした場所には古い集落はほとんどありません。ただ、稲作には適した場所でした。そこで、日本を含む東・東南アジアでは、後背湿地の多くが水田として開墾されてゆきました。平野に暮らす人々は、山裾の台地や自然堤防の上に住み、後背湿地へ出かけて田んぼを作っていたのです。これが、地形に即した合理的な生活でした。

ところが、日本のように、急速に人口が増加するとともに、農業が主要な生業でなくなってくると、新しい宅地を造る場所として後背湿地が選ばれるようになりました。現在では、都市近郊を中心に、後背湿地が一面の新興住宅地となっている場所さえあります。もし、皆さんの中にこうした場所に住んでいる人がいれば、リスクを踏まえたうえで十分な対策をしておくべきです。地形と水災のリスクについては、次の章で詳しくお話ししましょう。

さて、自然堤防帯でも、河川氾濫の際に河道が付け変わることがあります。すると、か

図 2-38　濃尾平野に見られる三角州（2008.9、愛知県付近上空より）

つての河道は帯状の浅い溝として残ります。また、それが大きく屈曲していた場合、そこに水が溜まって屈曲した湖ができることがあります。これを、**三日月湖**と呼びます。北海道の沖積平野では、まだ自然の状態に近い氾濫原が残っているところがあります。こうした場所の空中写真を眺めると、三日月湖を見つけることができます。

川の旅の終点

三角州帯は、河川最下流の河口付近に位置します。盆地を除くと、沖積低地は海や湖に接しています。河川によって運ばれた物質は、ここですべて水中に投入されます。それらが少しずつ水面を埋め立てることでできた非常に低平な地形が**三角州**です。

ほとんど傾斜がないので、河川の流速は

極端にゆっくりとなります。このため、ちょっとでも進行方向に堆積物が堆積すると、そこで流路は枝分かれします。最終的に、河道はいくつにも分岐しながら水域に到達することになります（図2―38）。この流路に囲まれた中州が、たいてい三角形をしているので、三角州と呼ばれるのです。英語ではデルタと呼びますが、それもギリシア文字のデルタ（⊿）の形をしているからです。

三角州帯の地盤は軟弱で、さらに海べりの場合は、高潮の被害に遭いやすく、また、平時も遡上してくる塩水の影響があります。ですから、あまり使い勝手のよい土地とは言えません。それでも堤防を築くなどの対策を施したうえで、水田などの農地としてよく利用されます。三角州の先に、干拓地や埋立地が造られているケースも多くあります。かつては水と陸がせめぎ合う場所だった三角州帯が、ずっと内陸にあることもしばしばです。

コラム3 地形に関するQ&A

Q あと何百万年もしたらハワイ諸島と日本列島がくっつくと聞いたことがありますが、本当ですか？　そうなった場合、ハワイは日本の領土になるのですか？

A 本文で紹介したように、ハワイ諸島は太平洋プレート上にあるホットスポット型の火山島です。プレートの移動に従って西へ移動し、最終的には北米プレートとの境界である日本海溝に沈み込むだろうと予想されます。しかし、残念なことにホットスポットからずれた火山島は、次第に風雨による侵食を受けて、日本列島に近づく前に海底に没する運命にあります。仮に侵食を受けなかったとしても、海溝に沈んでしまうので日本列島に結合することはありませんし、そもそものときに日本国が存在しているかどうかも怪しいところです。

Q 新期造山帯では、今後エベレストを超えるような高い山ができる可能性はありますか？

A エベレストをはじめとして、新期造山帯にある山は今も成長を続けています。しかし、山が高く険しくなれば、それだけ崩れやすくなることも考えなければいけません。また、風雨による侵食も同時並行で起こっています。隆起と崩壊・侵食のバランスによっては、エベレストの標高である八八四八メートルを超える山が形成される可能性はなくはありません。ただ、一万メートルを超えるような極端に高い山ができることは困難でしょう。

Q 南極大陸は、地形学的に見るとどのような場所ですか。また、極地方になかった時代には、暖かかったのですか？

A 南極大陸は、大部分が安定陸塊に属しています。今は自生しない高等植物の化石が見つかっていることを考えると、温暖な気候の時代があったものと考えられています。

Q 断層山地や断層湖があることは理解しましたが、なぜ「断層によってできた」とわかるのですか？

A 空中写真や衛星画像を見ると、断層がつくった地形は境界が直線的です。これは**リニアメント**と呼ばれ、その形成に断層が関わっていることを見分ける基本的なポイントです。より詳細には、地質構造を調べる必要があります。

Q **山地と山脈の違いは何ですか？**

A 厳密な区別はありません。一般に標高が高い場合、山脈ということが多いようです。また、「脈」の字が表すように、はっきりと尾根が連なっている傾向が見える場合に、山脈と呼ぶこともあります。

Q **愛知県の小牧市には、小牧山と呼ばれる、平野の中にポコッと突き出た山があります**（図２－39）**。なぜ、あんなところに山があるのですか。**

A 小牧・長久手の戦いで徳川家康が陣を置いたことで有名な山ですね。標高は八六メートルと低いですが、低平な濃尾平野のまっただ中にあるので、確かに不思議です。小牧山は、秩父古生層という非常に古い時代の岩石でできています。本文で紹介したように、濃尾平野は、断層運動で沈降した部分に河川が土砂を堆積させて形成されました。したがって、古い時代の起伏は大抵、新しい堆積物の下に埋まってしまっていま

図 2-39　濃尾平野の真ん中にそびえる小牧山（2017.5、愛知県小牧市）

す。ところが一部、完全に埋まり切っていない部分があり、それが平野から飛び出ているのです。つまり、小牧山はもともと結構大きな山だったわけで、現在見えているのはその山頂部分というわけですね。

Q 柔らかい地層と硬い地層が重なっているというような、直接目に見えない地質の構造がどうしてわかるのですか？

A 地質の構造を調べる方法は、いろいろあります。基本的には、露頭（地層の断面が見えている場所）の観察や、ボーリング（穴を掘って地質のサンプルを得る）などを行い、各地層の厚さや性質、傾きなどを調べます。多くの地点でこのような調査・観察を行うことで、地質の広がりや重なりを推測します。現在では、お腹の中の赤ちゃんを見るのと同じように、音波探査の技術も使用されます。

Q 活断層であるかどうかや、その活動頻度は、どのようにしてわかるのですか？

A まずは、地表に現れた地形（断層崖など）や、音波探査などから、活断層の可能性のある場所を探ります。次に、ボーリングやトレンチ（地面を掘り下げて断面を見る）を行い、地層のずれや曲がりを確認します。地層に火山灰や植物遺体が含まれていれば、そこから活動した年代を推測することができます。こうした情報をもとに、活断層の分布図を作成するとともに、各活断層について活動頻度や活動範囲を推定します。

Q 活断層の分布図を見ると、東京や名古屋など大都市の下には活断層がないように見えます。なぜでしょうか？　本当にないのでしょうか？

A 活断層がないとは言い切れません。大都市は沖積平野にあることが多く、分厚い沖積層が覆っているうえに、地形が人工的に改変された箇所も多く、活断層を見つけにくいのです。したがって、大都市の下に、未知の活断層がある可能性は十分にあります。分布図に示されていないからといって警戒を怠ってはいけません。

Q マグニチュードとは何ですか？　震度とどう違うのですか？

A 地震の規模を示す単位です。震度が単純にその地点の揺れの大きさを示すのに対し、マグニチュードは一回の地震で発散されるエネルギーの大きさを示します。したがって、マグニチュードが大きくても、震源が地中深くだったり、遠く離れていたりすれば震度は小さくなりますし、その逆もあります。ちなみに、マグニチュードの値が一大きくなると、発散されるエネルギーはおよそ三二倍になります。たとえば、マグニチュード六の地震と同八の地震のエネルギーの差は、三二の二乗で、およそ一〇〇〇倍にもなります。

Q 山が谷に、谷が山に変化することはあるのですか？

A 直接、山と谷が逆転することはありません。しかし、長い目で見れば起こりうることです。険しい山々も、長い間のうちに河川による侵食を受けて、ほとんど平らな場所になることがあります。この場所が再び隆起すると、再度河川による侵食を受けることになります。このとき、かつて山だったところが谷になることも、その逆もあるでしょう。こうした地形変化のサイクルを唱えたのは、一九世紀のアメリカの地形学者、デーヴィスです。**地形輪廻**（あるいは侵食輪廻）と呼ばれるこの説は、各地で具体的な調査が進んだ現在では、「そんな単純なものではない」と批判されています。しかし、山地の隆起と侵食の関係を示す基本的な考え方としては間違っていません。

Q 日本に差別侵食による地形はないのですか？

A あります。たとえば、香川県には讃岐富士（飯野山）のようなきれいな三角形の山や、屋島のような頂部が平らな台地がありますが、それぞれビュートとメサに相当します。頂部に硬い岩盤（サヌカイト）が存在し、その部分が浸食されずに残ったものです。ただし、湿潤な日本では、アメリカ西部にあるような、そそり立つような地形にはなりません。盛んに水による侵食を受けた結果、山のような形になったのです。

Q 川をくぐる鉄道は、養老鉄道のほかにもありますか?

A はい、数は多くありませんがほかの地域にもあります。たとえば、六甲山南麓の連続扇状地では、ＪＲ東海道線が芦屋川や住吉川をくぐっています。また、京都盆地南部で木津川に合流するいくつかの小河川の下を、ＪＲ奈良線がくぐっています。西日本を中心にほかにもありますので、ぜひ地図で探してみましょう。

Q 三角州と扇状地の違いがわかりません。

A いずれも沖積低地の地形ですが、三角州が細かい土砂でできた低平な地形であるのに対し、扇状地は粗い土砂で形成されある程度の勾配があります。一般的に、扇状地は沖積低地の最上流部に位置し、三角州は最下流部に位置します。ただし、黒部川扇状地のように、扇状地が直接海岸線に接するところもありますから、注意が必要です。

6 なぜ、場所によって森の種類は異なるのか？

南の島にはヤシの木がある？

唐突ですが、南の島の絵を描いてみてください。……描けましたか？　たいていの人が、島にヤシの木を描いたのではないでしょうか。今度は、北欧の森を描いてみてください。サンタクロースが住んでいるような場所ですよ。……ちょっと難しかったかもしれませんが、きっと、多くの人がクリスマスツリーのようなギザギザの円錐形の木（針葉樹）を描いたのではないでしょうか（図2－40）。南の島に針葉樹を描き、北欧の森にヤシの木を生やす人はまずいないでしょう。これは、ある種のステレオタイプなのですが、「場所によって生える植物の種類が変わる」ということを私たちが経験的に学んでいる証拠でもあるのです。

私たちの身の回りを見渡すと、必ずどこかに植物が生えています。温暖湿潤な日本はもちろんのこと、地球上のほとんどの場所に、植物は存在するといっても過言ではありません。そんなこと言ったって、南極の氷原や砂漠のど真ん中には何も生えていないだろう、

図 2-40　南の島と北欧の森の落書きイラスト

と言う人もいるでしょう。確かに、植物が極端に乏しい地域があるのは事実です。しかし、南極大陸の岩肌には何十種というコケ類が確認されていますし、乾燥地帯でも雨期になると一気にお花畑と化すような場所もあります。地球が緑の惑星とはよく言ったものです。

しかしそれらは、好き勝手に分布しているのではありません。大きな葉を広げたハイビスカスが南国を思い起こすように、点在するサボテンが砂漠を連想させるように、必ず、その場所の環境と結びつき、規則的に配置されています。動物は自分の意志で移動ができますが、植物はそうはいきません。ですから、より環境との結びつきが強いと言えます。そして、その植物は哺乳類をはじめとした動物の命のよりどころですから、その分布を規定もしています。もちろん、そのうちの一種である人間の文化にも影響を与えています。

植生を分ける二つの方法

地球全体を覆う植物は、何らかのまとまりをもって存在しています。このように、ある特定の場所に生育する植物のまとまりのことを**植生**と呼びます。スケールは問いません。「ヨーロッパの植生」「日本の植生」というように広く把握することもありますし、「高尾山の植生」「街路樹の植え込みマスの植生」というように面積が小さくても植生です。

ある場所の植生を、ほかと比較するには、連続するように見える一連の植生を、何らかの基準に基づいて区分しなくてはなりません。植生を区分するときの考え方は、大きく分けて二つあります。

一つは、その植生を構成している種《しゅ》に注目するものです。具体的には「マツ林」「ススキ草原」のような区分です。マツ林といっても、マツばかりが生えていることはまずありません。マツの間に別の木があったり、下草が生えていたりで、よく調べてみると十数種もの植物種が見つかることがあります。ですから、厳密には数が多くて目立つ種（**優占種**）だけを見て類別するのではなく、種の組み合わせ（**種組成**）によって植生を体系化するのです。この方法によって分けた植生を、群落と呼びます。

もう一つは、植生の見た目の特徴（**相観**）に注目するものです。たとえば「針葉樹林」「高茎草原」のような区分です。前者であれば針葉樹からなる植生という意味になりますが、それがマツであろうと、スギであろうと構いません。あくまでも針葉樹という形態を持つ樹木が集まっているということに注目します。この方法によって分けた植生は、**群系**と呼びます。こうした植生の特徴を基盤にして、生物群集全体も分類できるという考え方から、**バイオーム**と呼ぶこともあります。

こうした説明をすると「前者は細かい分け方で、後者は粗い分け方なのですね」と納得する方がいますが、それは少し違います。根本的に別の視点による分け方なのです。群系も、細かくしようと思えばどんどん細かくなります。常緑なのか、落葉するのか。低木なのか、高木なのか。針葉樹なのか、広葉樹なのか。疎らなのか、密なのか。それらを組み合わせた「常緑広葉樹の低木林」とか「低茎で被度の低い湿性草原」といった例を挙げればわかりやすいでしょう。両者は、植生を調べるときの目的によって使い分けます。

たとえば、ある造成地の植生を長年観察すると、最初はオヒシバなど背の低い一年生草本が芽生え、次第にススキのような大型の多年生草本が卓越するようになり、さらにはアカマツなどの樹木が侵入してきます。これは、第三章で紹介する植生遷移の一部です。この変化を、「低茎草原・高茎草原・針葉樹林という順に変化した」とまとめるのはいささか乱暴です。種ごとに異なった生活様式や生き残りの戦略があり、それらの駆け引きがこうした植生の変化を引き起こしているのですから。こうした生態学的な観察をするのには、群落として把握する方法が適しています。

一方で、広域の植生を把握・比較する場合を考えてみましょう。本州の冷涼な高標高地には、針葉樹であるコメツガやシラビソからなる森林が多く、北海道で同じような気候が見られる場所には、同じく針葉樹であるエゾマツやトドマツからなる森林が多くあります。このとき、群落として把握した場合、まったく別の区分となります。しかし、両地域を含む広域の分布図を作る場合や、気候との対応を調べようとしたときには、両者を「針葉樹林」として把握することで、よりわかりやすく系統的な結果を導くことができます。針葉樹林は、アメリカにもヨーロッパにもありますが、これらについても類似した性質を持つ植生としてまとめて扱うことができるのです。

このようなことから、広域で植生を把握・比較しようとするときには、群系を用いるのが一般的です。たとえば、地形図の植生記号は、「広葉樹林」「針葉樹林」といった群系を示すものとなっています（表２－１）。中には「ハイマツ地」のように、一見すると群落を示しているように思えるものもあります。しかし、実のところ「ハイマツ地」は「背の低い針葉樹が密生している植生」という相観を表す記号で、生物学的に見た「ハイマツの自生地」とは違う意味で使われています。その証拠に、ハイマツの分布しない富士山にも、ハイマツ地の記号が見られます（ハイマツではなく、矮性化したカラマツが見られます）。

表 2-1　相観を表す主な地図記号

	広葉樹林：樹高2m以上の広葉樹が密生している地域
	針葉樹林：樹高2m以上の針葉樹が密生している地域
	竹林：竹が密生している地域
	ハイマツ地：ハイマツなど樹高の低い矮性松の密生している地域
	ヤシ科樹林：ヤシ科植物、大型のシダ植物、大型の熱帯植物が密生している地域

〈国土地理院「平成 25 年 2 万 5 千分 1 地形図図式（表示基準）」の記載に基づく〉

植生は何によって決まるのか

ここからは、世界や日本の植生を群系によって眺めてみましょう。植生の分布を決める要因には、狭い範囲を細かく見た場合、風や日照、地形・地質、さらには土地の水分条件といった様々なものが挙げられます。しかし、広域スケールで見ると、ほぼ、気温と降水量によって説明することが可能です。世界の気候を研究したケッペンという学者がいます。彼は、植生分布が気温と降水量の違いを反映していることに着目して、気候を区分しました。

群系は大きく、樹木が卓越する植生（**森林**）と、草本植物（蘚苔類を含めることもある）が卓越する植生（**草原**）とに分けることができます。

森林は、概して十分な気温と降水量があるところに成立します。草原は、森林が成立困難な環境、つまり、気温の極端に低い場所や、降水量の極端に少ない場所に成立します。なぜなら、草本植物は厳しい環境でも生き抜くことが可能だからです。一年草の場合、極端に乾燥する時期や寒い時期は、種子という形で休眠してやり過ごします。多年草でも、地上部を枯らし、地面の中の根だけで耐えることができます。対して樹木は、いくら葉を落として休眠したとしても、幹や枝を維持するだけのエネルギーを使わなくてはいけません。こんなことから、恵まれた条件の場所にしか森林は成立しないのです。

地域によって森は多様な表情を見せる

樹木が卓越する植生は「常緑樹か落葉樹か」「広葉樹か針葉樹か」という二つの視点から、大きく四つの群系にまとめることができます。

樹木に落葉樹と常緑樹がある理由は、気候に適応した結果です。つまり、雨量が少ない、気温が低いというように、成長するには厳しい期間のある場所では、その際に葉を落として休眠することで、エネルギーのロスを防ぐのです。落葉樹というと広葉樹を想像しがちですが、針葉樹にも落葉樹があります。

広葉樹と針葉樹の違いは皆さんご存知と思いますが、念のため身近な植物で確認しておきましょう。サクラ・カエデ・ツバキといった幅の広い葉を持つものが広葉樹、スギ・ヒノキ・マツといった針のような葉を持つものが針葉樹です。樹形を見ると、一般に広葉樹は丸くなり、針葉樹は円錐形になります（図2－41）。これが、地形図の地図記号にも反映

図 2-41　典型的な針葉樹（ⓐ）と広葉樹（ⓑ）の樹形（2017.3、愛知県名古屋市）
ⓐの樹種はヒマラヤスギ（緑地に植栽された常緑針葉樹）、ⓑの樹種はコナラ（自生の落葉広葉樹）

されているのですね。

広葉樹と針葉樹の違いは、葉や樹形といった形態以上のものがあります。系統的にも、大きく離れているのです。植物の進化史上では、針葉樹のほうが早く登場し、広葉樹はそこから分岐しました。つまり、針葉樹のほうが原始的な性質を持っています。追って説明するように、針葉樹は概して寒冷地で卓越する傾向があります。この理由として、後発の広葉樹が繁栄するようになったため、条件の悪い寒冷地に追いやられたからという説があります。針葉樹は、寒冷地に適した様々な性質を備えています。たとえば、水不足への対応です。寒冷地では、概して降水量が少ない傾向にあり、冬季は地面が凍結し、液体の水が得にくいこともあります。けれども、針葉樹は葉が細く表面積が小さいため、蒸発散を抑えて耐えることができます。このほかにも、針葉樹は、幹や枝の中の水分が凍りついても問題ないような組織を持っています。

それでは、これらのことを踏まえて四つの群系を順に見てゆきましょう。

常緑広葉樹林は、年中葉を茂らせた広葉樹によって構成された森林です。主に熱帯から温帯の、気温や降水量の季節差がないか、あってもさほどではない地域に分布しています。中でも**熱帯多雨林**は、植物にとって最も恵まれた条件に成立した森林で、樹高は高く、多種多様な生物を育んでいます。地球上の生物種の大部分が熱帯多雨林に存在するとも言われます。熱帯多雨林は、南米では**セルバ**と呼ばれ、東南アジアやアフリカでは**ジャングル**と呼ばれます。

温帯の常緑広葉樹林は、主に**照葉樹林**と**硬葉樹林**の二つのタイプに分かれます。照葉樹林は、気温の下がる冬があるけれどもさほど厳しくない、湿潤な温帯に発達します。冬を乗り切るため、クチクラ層と呼ばれる蝋分を含んだ層が、葉に分厚く発達しています。それが日に当たると葉がテカテカ光るので、「照葉」と呼ばれるのです。後述のように、日本に見られる常緑広葉樹林の大部分は、このタイプです。照葉樹林というと、お酒好きの人は、同じ名前のきれいな緑色をしたカクテルを思い浮かべる人もいるかもしれません。このカクテルには、グリーンティー・リキュールと呼ばれるものが使われていますが、その原料であるチャノキも代表的な照葉樹です。色だけでなく、原料まで照葉樹林に因んでいたのですね。

硬葉樹林は、気候の節でお話ししたように、夏に乾燥する地中海式気候の地域に発達します。硬葉樹とは、乾燥から身を守るため、葉を小さく硬くしているタイプの常緑広葉樹で、オリーブ・コルクガシ・ユーカリなどが当てはまります。日本にも、海岸沿いの乾燥地には、ウバメガシという硬葉樹に近い形態をした樹種が見られます。

落葉広葉樹林は、季節的に葉を落とす広葉樹によって構成された樹林です。熱帯から温帯のうち、気温や降水量に大きな季節差のある地域に分布します。このタイプの樹林は、大きく**夏緑樹林**と**熱帯季節林**に分けられます。前者は、厳しい冬に休眠するタイプ、後者は厳しい乾季に休眠するタイプです。日本に見られるのは夏緑樹林です。私たちは、これらの樹林の葉が、落葉前に活動を停止し、葉緑素が抜けたものを楽しみます。何のことだかわかりますか？　赤や黄色に色づく紅葉のことです。

針葉樹林は、寒冷な亜寒帯を中心に分布します。ユーラシア大陸北部から北米大陸北部にかけては、針葉樹の大森林地帯が広がっていますが、これらは**タイガ**と呼ばれます。このうち、常緑針葉樹林は沿岸域を中心とする比較的湿潤な地域に分布しています。日本に自然分布する針葉樹林のほとんどがこのタイプです。一方、落葉針葉樹林は、内陸を中心とする、降水量の季節差が大きく乾燥する時季のある場所に分布しています。日本にも、本州の亜高山帯にカラマツという落葉広葉樹が分布しています。ただし、自然分布はごくわずかで、大規模に広がっているところは、たいてい用材林として植林されたものです。ちなみに、南半球には大規模な針葉樹林は存在しません。それは、特別な理由があるわけではなく、たまたま針葉樹林が成立しやすい緯度帯に陸地がほとんど存在しないからです。

空はどこまでも蒼く、草原は果てしなく広い

草本が卓越する植生は、降水量が制限要因（樹林にならない原因）となるものと、気温が制限要因となるものとに大きく分けられます。前者には、**砂漠・熱帯草原・温帯草原**があります。後者には、**ツンドラ**があります。

砂漠は、気候区分の名称であるとともに、群系の名称でもあります。極度に乾燥した砂漠にも、ちゃんと植生があるのです。確かに、植生は疎らで、ほとんど目につかないこともありますが、体の中に水を貯える工夫をしたサボテン類や多肉植物が生育しています。砂漠の分布は気候の節で詳しく説明しましたが、中緯度高圧帯の影響下にある亜熱帯域の内陸が多く、一部、沖合に寒流が流れる沿岸域にも見られます。

熱帯草原は、一般には熱帯多雨林の縁辺に存在しています。熱帯多雨林から砂漠への移行帯とも言えます。**サバナ**とも呼ばれ、草原の中に疎林や灌木が点在する景観が見られま

す。ステレオタイプ化されたアフリカのイメージとして、ゾウやシマウマ、ライオンなどお馴染みの野生生物が草原を駆け回る様子が挙げられますが、まさにそんな場所が熱帯草原です。

一方、温帯草原には樹木がほとんどありません。イメージとしては、ヒツジなどの遊牧が行われているモンゴルの草原地帯です。私の好きな古い漢詩にこんなものがあります。

敕勒《ちょくろく》の川
陰山《いんざん》の下《もと》
天は穹廬《きゅうろ》に似て
四野《しや》を籠蓋《ろうがい》す
天は蒼蒼《そうそう》
野は茫茫《ぼうぼう》
風吹き草低《た》れて牛羊《ぎゅうよう》を見る

これは、遊牧民の歌を漢訳したものだと言われていますが、伸びやかに果てしなく広がる温帯草原の景観を見事に活写しています。こうした中央アジアの温帯草原は**ステップ**と呼ばれ、温帯草原の代名詞的存在です。もちろん、それ以外の場所にも温帯草原は分布し

図 2-42　紀伊半島の常緑広葉樹林（ウバメガシ林）（2012.4、三重県紀北町）

ています。それぞれ違った呼び名があり、北米では**プレーリー**、南米では**パンパ**と言います。「大草原の小さな家」はプレーリーにあるわけですね。

ツンドラは、ほとんどの樹木が生育せず、わずかな低木と草本、地衣類や蘚苔類が卓越する植生です。ユーラシア大陸や北米大陸の北端付近のほか、南極の一部にも見られます。一般に、ツンドラはこうした極地付近の植生を指しますが、別の気候帯でも、標高の非常に高い場所にはツンドラに類似した植生が見られます。これを**高山ツンドラ**と呼び、日本でも見られます。後述する、高山草原とほぼ同じ意味です。

日本の植生は縦にも横にも変化する

日本は、どの場所においても年間を通し

図 2-43　いかにも南国らしい木性シダ（ヘゴ）の群落（2011.11、沖縄県名護市）

て十分な降雨があります。ですから、降水量が植生を規定することはありません。植生はほぼ気温で決定されます。

日本は南北に長く、緯度方向に植生は変化します。これを**水平分布**と呼びます。水平分布に現れる群系のタイプは大きく三種類あります。

主に南西諸島から西日本にかけて分布するのが、常緑広葉樹林の一種である照葉樹林です（図2－42）。暖流である対馬海流と黒潮の影響で、沿岸域だけ見れば、日本海側であれば新潟付近、太平洋側であれば宮城付近まで分布が伸びています。代表的な樹種はシイ・カシ類で、タブノキ・ヤブツバキもよく知られます。南西諸島では、ヘゴなどの木性シダ類（図2－43）や、アコウ・ガジュマルといった独特の樹形を持つ樹木

図 2-44　西表島の亜熱帯降雨林（2010.9、沖縄県竹富町）

図 2-45　東北地方に広がる落葉広葉樹林（ブナ林）（2008.9、青森県深浦町・白神山地）

図 2-46　樽前山山麓に広がる針広混交林（2010.9、北海道）

図 2-47　本州亜高山帯の針葉樹林（2007.8、長野県安曇野市・飛騨山系燕岳付近）

が見られるため、**亜熱帯降雨林**として区別することもあります（図2－44）。

主に本州中部から東北地方を経て北海道南部に分布するのが、落葉広葉樹林の一種である夏緑樹林です（図2－45）。寒さが厳しいため、冬に休眠するタイプの樹木が卓越するのです。代表的な樹種はブナ・ミズナラなどです。

日本の中で最も寒冷な北海道北部や東部に分布するのが、常緑針葉樹林です。代表的な樹種は、エゾマツ・トドマツなどです。ただし、標高の低い土地で、常緑針葉樹のみからなる森林は、実のところ日本ではわずかな面積しかありません。北海道の大部分は、**針広混交林**と言って、常緑針葉樹と落葉広葉樹が混じった森林となっています（図2－46）。これは、両者の境界が線ではなく帯状になっているということです。

日本の国土はまた、海岸から標高三千メートルを超える高山まで、起伏に富んでいます。

図2-48　高山帯に広がるお花畑
（2009.7、北海道大雪山系）

図 2-49　山腹に現れた森林限界（2009.8、北海道大雪山系）

ゆえに、標高方向にも植生が変化しています。これを、**垂直分布**と呼びます。水平分布と同様に、温暖な低地から寒冷な高地にかけて、照葉樹林、夏緑樹林、常緑針葉樹林（図2－47）の順に移り変わります。最も標高の高い場所では森林が成立せず、**高山草原**と呼ばれるツンドラ状の植生が見られます（図2－48）。これらを、それぞれ丘陵帯・山地帯・亜高山帯・高山帯と呼ぶことがあります。ただし、必ずしも地形（標高）の呼称と一致しているわけではありません。それは、垂直分布のスタートである標高ゼロメートルにおける植生が、水平分布によって異なっているからです。

たとえば、中部地方では、確かに海岸線から低い丘陵に照葉樹林が分布していますが、東北地方では海岸線から夏緑樹林が見られます。つまり、低地に「山地帯」の植生が見られるのです。中部地方での植生と標高の対応を見ると、標高五〇〇メートル付近までが照葉樹林、五〇〇から一五〇〇メートル付近が夏緑樹林、一五〇〇メートルから二五〇〇メートル付近が常緑針葉樹林、二五〇〇メートル以上が高山草原となっています。

もうこれ以上森林が成立しない標高（常緑針葉樹林と高山草原の境界）を**森林限界**と呼びます（図２－49）。この高さは緯度によってだいたい決まっていますが、これが例外的にぐっと下がってきている山が、中部地方から東北地方の日本海側にしばしば見られます。たとえば、飯豊山地・朝日山地に属する山々や鳥海山などです。これらの山々では、本来亜高山帯の針葉樹林が成立する標高帯に、あたかも高山帯のような草原が広がっています。この理由は、多雪によって樹木の生育が妨げられるからで、**偽高山帯**と呼ばれます。

作物はどこで栽培するのがよいか

先ほど、チャノキは照葉樹だと紹介しました。お茶の産地（図２－50）を思いつくままに挙げてみると、静岡茶・伊勢茶・宇治茶（京都）・鹿児島茶のように、すべて照葉樹林帯に位置しています。同様に、常緑広葉樹の作物としては柑橘類が挙げられます。やはり、和歌山・愛媛・静岡といったミカンの主要生産地はすべて照葉樹林帯です（図２－51）。ややマイナーになりますが、ビワ・ヤマモモといったそのほかの常緑果樹も同様です。これらの作物を、東北地方などの寒冷地で栽培するには、冬越しに工夫が要るなど、なかなか難しいのです。

また、夏緑樹である作物は、一般に夏緑樹林帯でよく育ちます。代表的なものとしてはリンゴがあります（図2－52）。暖地でのリンゴ栽培は、病害虫に侵されやすく、色づきも悪いため、なかなか難しいと言われます。リンゴの産地として知られる青森や長野は、いずれも冷涼な夏緑樹林帯です。ただし、同じ夏緑樹であるナシ・ウメ・モモ・クリ・カキなどは暖地でもある程度栽培されています。これらは、夏緑樹であっても暑さに耐性のある種です。日本の人口の中心は暖地にあるので、こうした果樹が選び出され、普及したということなのでしょう。

針葉樹には、実を食用にするマツ・カヤなどもありますが、作物としてはあまり一般的ではありません。針葉樹の利用として一般的なのは用材です。確かに、針葉樹林帯である北海道は、製材用木材の生産額トップです。ただし、生産される樹種を見ると、エゾマツ・トドマツ・カラマツといった、日

2-50　お茶の栽培風景
（2007.1、静岡県菊川市）

図 2-51　ミカンの栽培風景（2011.11、愛知県美浜町）

図 2-52　リンゴの栽培風景（1999.10、長野県松本市）

本全体ではあまりメジャーではない樹種が中心です。用材として馴染み深いスギ・ヒノキは、北海道においてわずかしか植林されていません。その理由は、スギ・ヒノキは、やや特殊な針葉樹で、もともと暖地に自生するタイプだからです。屋久島の縄文杉があれだけ大きくなるのを見ればわかるように、スギ・ヒノキは暖かな気候が適しています。このため、用材林の産地としては、九州地方や本州内陸部の各県もある程度のシェアを占めています。

7 なぜ、日本には固有の動植物が多いのか？

日本は生物多様性のホットスポット

日本には、「ここだけにしかいない」という生物がたくさん生息していることをご存知でしょうか。しかも、身近でよく知られた生物が、です。たとえば北限のサルとしても知られるニホンザル。日本ではふつうに見られますが、海外には分布していません。ほかにも、ニホンカモシカ・ニホンノウサギなど、日本に生息する陸生哺乳類九七種のうち、実に四割近い三八種が日本でしか見られません（図２―53、２―54）。植物も同様です。たとえば、日本の木造建築にふつうに使われるスギ、初夏に美しい景観をつくるフジをはじめとして、日本に自生するおよそ五三〇〇種のうち、三割以上の一八〇〇種が日本固有です（※）。これは、ふつうのことなのでしょうか。

同じ温帯に属する島国、イギリスと比較してみましょう。イギリスには五〇種の哺乳類が生息していますが、すべてがほかの国にも生息する種です。植物も、約一五〇〇種のうち一五種しか固有のものはありません（※）。日本は、世界的な生物多様性を支えている特

図 2-53　ニホンザル（2015.8、三重県桑名市）

図 2-54　ニホンジカの亜種であるヤクシカ（2006.9、鹿児島県屋久島町）

別かつ重要な地域（**生物多様性ホットスポット**）の一つであると言えるでしょう。

ではなぜ、日本には固有の生物がこれほどまでに多く存在しているのでしょうか。それを探るために、生物の分布がどのように形づくられるのか、眺めてみましょう。

※生物の種数は日本・イギリスともに平成八年版環境白書（第二―一―二表）に基づきました。

生き物の分布をどう把握するか

生物も、気候や地形、建造物や経済と同様、地球表面を構成するたくさんの事象の一つです。ほかの事象と同様、均質に分布していることはなく、場所によって種類や数は大きく異なります。この規則性を明らかにし、分布の成り立ちを探る分野を生物地理学と言います。当然のことながら、生物地理学も地理学を構成する諸分野の一つなのですが、現代の日本の地理学ではほとんど研究されていません。生物の分布は、進化や分類、生態といった生物学が扱う領域と深く結びついているため、現代の日本では生物学の一分野として扱われるのが一般的です。しかし、生物の分布はまた、気候や地形といった地理学がよく扱う事象とも深く結びついていることも確かです。

さて、生物の地理を考えるときには、二つの視点が必要です。一つは、ある決まった地域に、どのような生物がいるのか？　というもの。もう一つは、ある生物が、どのように分布しているのか？　というもの。この双方から、地球上の生物の分布を検討してゆくのです。

ある特定の範囲に見られる全生物をまとめた概念を**生物相**と言います。「日本の生物相は豊かだ」「この山は特異な生物相を持つ」（すなわち、ふつう見られない生物が多いということ）のように使います。生物相を系統別に検討するときには、**動物相**（ファウナ）、**植物相**（フロラ）という言葉を使います。こうした生物相は、生物種の一覧の形で表すことができます。この統計をとれば、ほかの地域との比較ができます。

ある生物種の分布情報は、点の集合として表されます。たとえば、標本の採集地点、目撃地点、フィールドサイン（足跡・フンなど）のあった場所などです。こうした点の分布する範囲を囲んだものが**分布域**です。多くの場合、生物種は連続して分布していますが（**連続分布**）、時には不連続に分布していることもあります。たとえば、ハイマツの分布を調べると、シベリア東部に自生地がまとまって存在していることがわかります。一方で、こうした主たる分布域から海を隔て、日本の高山帯にも点々と見られます。このように、主要な分布域から遠く離れた場所に、飛び地のように分布する現象は、**隔離分布**と呼ばれます。

生物の分布を見る際には、**普遍種・固有種**という概念を用いることもあります。世界中ないし、一定の広がりを持つ範囲に広く分布する種は普遍種、ある特定の地域にのみ分布する種はその地域の固有種と呼ばれます。普遍種と固有種の違いは相対的なもので、その間に厳密な境界はありませんが、分布域を評価するときの一つの軸となります。

生き物の種類で地域を区分する

さて、冒険家や活動的な学者たちが世界中を旅するようになり、各地の生物相がおよそわかってくると、地域ごとの生物相の比較も行われるようになりました。この中で、地球上の陸地を似たような生物相を持ついくつかの地域に区分する試みも行われました。それが、**動物地理区**や**植物地理区**と呼ばれるものです（図2－55）。以下、この二つをまとめて**生物地理区**と言うことにします。

たとえば、伝統的な動物地理区は、旧北区・エチオピア区・東洋区・オーストラリア区・新北区・新熱帯区の六つに分けられています。また、同様に伝統的な植物地理区は、全北区・旧熱帯区・新熱帯区・オーストラリア区・ケープ区・南極区のやはり六つに分けられています。動物と植物とで範囲が微妙にずれているのは、移動能力をはじめとした生物としての性質が異なるからです。生物地理区の具体例をいくつか挙げてみましょう。

何といっても、オーストラリア区（動物地理区・植物地理区で範囲は少し異なる）は独特です。よく知られているように、動物では、カンガルーやコアラに代表されるような有袋類が特徴的に分布しています。南北アメリカ大陸に生息するオポッサムを除けば、オーストラリア区のほかに有袋類は生息しません。植物も独特で、ヤマモガシ科のバンクシア属の大部分の種や同じ科のマカダミア、フトモモ科のユーカリ属は、この地域固有です。いずれも乾燥地域に適応した形態を持っています。バンクシアは独特の花形から近年では日本でも花木として人気があるようで、マカダミアは言うまでもなくナッツとしてよく知られています。

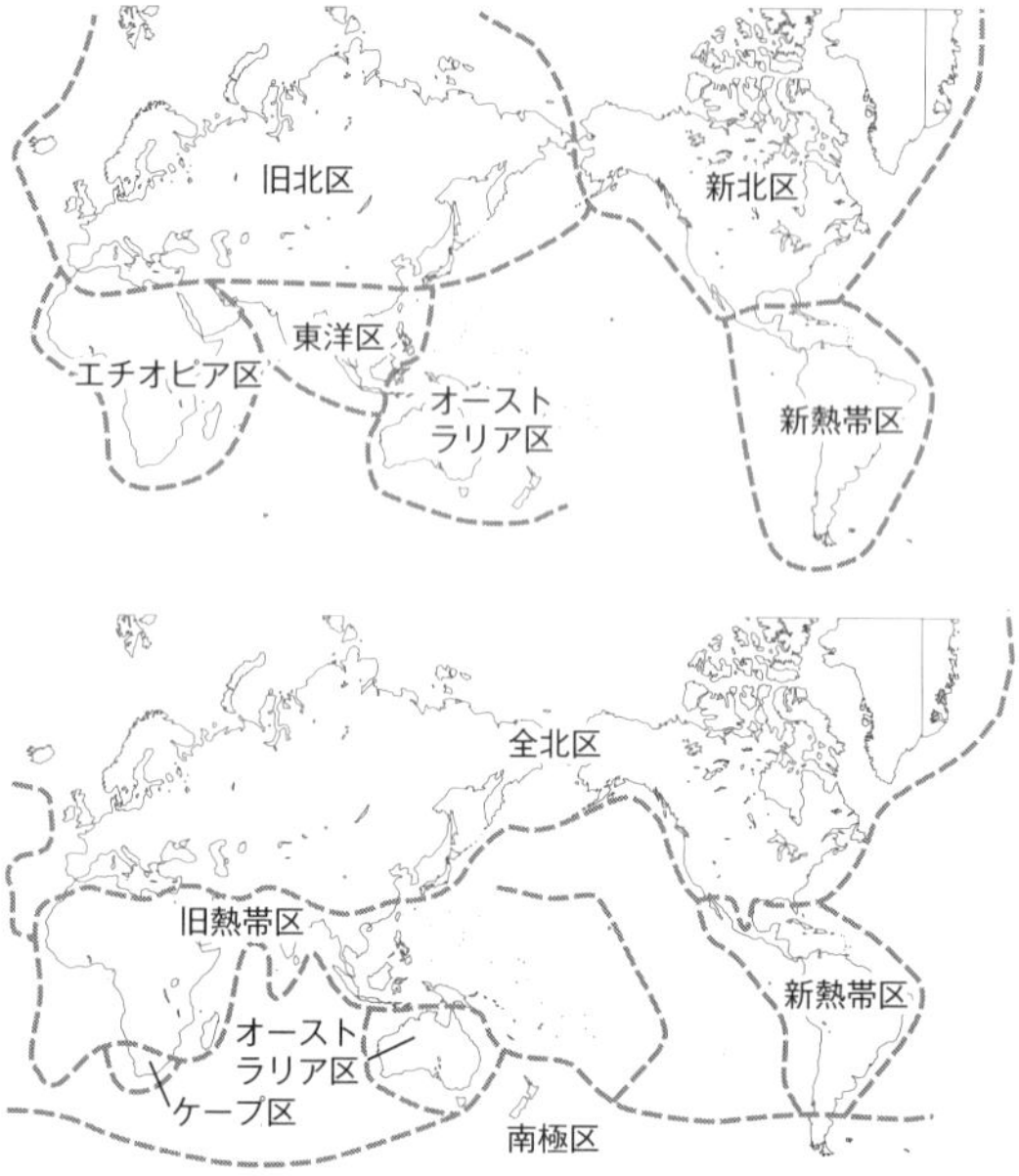

図 2-55　動物地理区（上）と植物地理区（下）

〈地理区の境界は、それぞれ『生態学講座 23　動物地理学』および『生態学講座 12　植物地理学』（いずれも共立出版）に基づいた〉

日本列島は、動物地理区では旧北区と東洋区にまたがり、植物地理区では全北区と旧熱帯区にまたがっています。東洋区や旧熱帯区になるのはいずれも南西諸島なので、日本の大部分は旧北区・全北区ということになります。旧北区を代表する動物としては、ウマがあります。ウマはかつて北アメリカ大陸にも生息していたと考えられていますが、何らかの理由によって絶滅し、ユーラシア大陸で家畜化されました。したがって、騎馬・乗馬文化がヨーロッパから東アジアにかけて広く分布しています。日本には、道産子や木曽馬などに代表される在来馬と呼ばれる系統がありますが、野生のウマがいたのではありません。古墳時代に、騎馬文化とともに朝鮮半島から伝わってきたと言われます。

なぜ生物地理区が生じるのか

それでは、なぜ生物地理区なるものが生じるのでしょうか。また、地理区どうしの境界は、まったく偶然に決まっているのでしょうか。そうではありません。これにも、れっきとした理由があるのです。生物地理区が生じる原因は、意外にも地球の内的営力にありました。

地形を紹介した節で、プレートテクトニクスを説明しました。大陸は、ずっと同じ場所に存在することはありません。長い時間をかけて移動しますが、その間に引き裂かれたり、衝突したりすることもあります。また、大陸内に高い山脈が生じることもあります。

仮に、ずっと真っ平で、地域による気候の変化もない大陸があったとしましょう。過去にも現在にもそんなものはありませんが、話をわかりやすくするために想定します。そこに住む生物は、好きなようにどこにでも移動することができます。気候も変わらないので、どこに行っても同じエサがあり、同じ行動ができます。ですから、大陸の東であっても西であっても、まったく同じ生物群集が、まったく同じ生活をしていたのでした。

ところがあるとき、地殻変動が起こり、この大陸を南北に貫く高い山脈が生じました。あるいは大陸が引き裂かれ、海を隔てた東西二つの陸地になりました。こうなると、東西二つの地域を生物が移動することは難しくなります。各生物種は、東の個体群と西の個体群とに分かれてしまうことになります。さらに、東西二つの地域で気候の差が生じたとします。たとえば、東の地域は乾燥化してゆき、西の地域は湿潤化したとしましょう。

そうすると、東の地域では、たまたま体から水が奪われにくい特徴を持った個体が生き残りやすくなり、西の地域ではその逆が生じます。つまり、長い時間をかけて、移動可能な区域内で、生物群集全体がその環境に適応した形態に進化してゆくのです。その結果、まとまった地域内でおよそ共通した生物相が見られるようになり、山脈や海峡といった移動の障壁を隔てると、また違った生物相が見られる状態が生じるのです。

実際に、先に紹介した生物地理区を確認してみましょう。地理区は、太平洋や大西洋といった海洋、ヒマラヤ山脈のような大山脈、サハラ砂漠のような大きな乾燥地帯、南北アメリカ大陸の地峡（狭くなったところ）で隔てられていることがわかります。こうした場所が移動の障壁となり、生物地理区が生じているのです。

本州にいて北海道にいないもの

移動が妨げられることによって地域ごとに生物相が異なる状況は、何も世界的スケールだけで生じるのではありません。よりミクロなスケールでも見られます。

たとえば、日本の北海道と本州以南では、生物相が大きく異なっていることが知られています。哺乳類を例に挙げると、クマ属について、北海道にはヒグマが生息しますが、本州以南にはツキノワグマが生息します。リス属も、北海道にはキタリスがいますが、本州にはニホンリスがいます。イノシシやニホンザルは、北海道には生息せず、本州以南のみに棲息します。その理由は、海面の下がる氷期に「どこが地続きになったか」を調べると判然とします。

最終氷期と呼ばれる、最も新しい氷期（およそ七万年前から一万年前）の日本付近の状態を確認しましょう。北海道はサハリンとつながり、サハリンはさらにユーラシア大陸とつながっていました。つまり、北海道は半島状になったユーラシア大陸の一部だったのです。一方、北海道と本州を隔てる津軽海峡は、水深が深くつながりませんでした。そして、本州・九州・四国は一つの島でした。この島と朝鮮半島については、より古い氷期にはつながっていたことがありますが、この時にはつながっていませんでした。

哺乳類をはじめとした地上を歩く生物は、シベリアから北海道へは自由に行き来できましたが、その南の本州を中心とした島に行きつくことは困難でした。また、本州を中心とした島に古い時代の氷期に大陸から渡ってきた生物は、海に囲まれた状態が続いていることになります。この島の環境に適応すべく、固有性を増していったのです。

哺乳類を例に紹介しましたが、鳥類のように空を飛べる生物や、さらに別の障壁が生じる淡水魚などは別として、ほかの生物もほぼ同じような状況だったと思われます。植物も歩けはしませんが、種子などの繁殖体を飛ばすことで、陸地があれば長い時間をかけて移動できます。しかし、海に浮かぶ種子を持つ植物や鳥によって運ばれる種子を持つ植物などの例外を除けば、海を越えての移動は困難です。やはり同様の状況だったと考えられます。

こんな理由で、北海道と本州の生物相はかなりの違いが生じたのです。また、本州の生物が固有化したこともわかりました。つまり、日本は国内にかなりはっきりと隔てられた複数の生物地理区を持っており、これが固有種の多い一因となっているのです。

島の生物地理学

日本に固有種が多い理由はまだあります。それは、大陸とつながったことがないか、つながったことがあっても長期間孤立している島が多くあるという点です。

島は、大陸との関係から**大陸島**と**海洋島**とに分けられます。大陸島とは、過去に大陸と接続したことのある島です。先に例を挙げた北海道島や本州島、イギリスの主要部をなすグレートブリテン島などが当てはまります。一方、海洋島はこれまで大陸とつながったことがない、完全に孤立した島のことです。火山島であることが多く、ハワイ諸島やガラパゴス諸島、日本の小笠原諸島などが当てはまります。日本の南西諸島は、何百万年前という非常に古い時代には大陸とつながっていたようですが、最終氷期には完全に孤立していたため、海洋島的な性格を持つ大陸島と言えるでしょう。

突如として海面に現れた海洋島は、当然のことながら当初は無生物です。様々な偶然によって、たまたま島にたどり着いたわずかな生物が、その島のすべての生物の祖先なのです。この点で、もともとその生物がいた場所でのほかの生物との関わりとは、大きく異なることになります。草食動物を例にとれば、肉食獣がいない環境では、もはや防御したり逃げたりする必要がありません。あるいは、もともと食べていた植物がなければ、違うものを食べなくてはいけません。このような環境に適応して進化することにより、海洋島の生物は固有化し、生物相は非常に特異なものとなります。

偶然にたどり着いた生物の寄せ集めという状態に輪をかけて、海洋島の生物相を独特にしていることがあります。それは、島の環境に収容できるわずかな個体数の中で進化するという点です。偶然の遺伝子の変異（**突然変異**）によって、ほかの多くの個体と異なる形質を示した個体(※)は、大きな集団の中では淘汰されがちですが、小さな集団の中では偶発的に引き継がれやすくなります。こんな例えを出せばわかりやすいでしょうか。いくつかの白い玉の中に一つだけ赤い玉を混ぜておいて、一〇個取り出すとします。白い玉が変異を起こしていない遺伝子、赤い玉が突然変異を起こした遺伝子、取り出す玉が次世代に受け継がれる遺伝子に対応します。赤い玉を引き当てる確率は、もとの集団が一〇〇〇あれば百分の一ですが、二〇であれば二分の一です。つまり、閉じられた小さい集団ほど、遺伝子の変化が進みやすくなる、すなわち進化しやすくなるのです。

そんなことから、海洋島は進化の実験場などとも呼ばれます。中でも、ガラパゴス諸島は特に有名で、ゾウガメをはじめとして多くの固有種が確認されています。日本の小笠原諸島も「東洋のガラパゴス」と呼ばれるように、固有種が多く見られます。ムニンボタンやオガサワラコウモリなどがその例です。余談ですが、ガラパゴスという言葉は、今や、生物相に限らず「閉鎖された環境で独自に進化を遂げる」という意味で使われるようになっています。着メロや決済機能など独特の機能のついた旧型の携帯電話のことを「ガラケー」と言ったりしますが、あれは「ガラクタ・ケータイ」ではなく、「ガラパゴス・ケータイ」の略語です。日本という閉じられた市場で独自に進化した携帯電話なのです。

さて、こうした孤立した島が、実は内陸にもあるのをご存知でしょうか。もちろん、「島」というのは比喩で、生物にとって島と同等の場所という意味ですが。

たとえば、高山帯に生きるハイマツやライチョウは、移動しようにも高山帯を離れられません。別の高山との間の空間は、海のようなものです。また、湿地性の小昆虫や植物にとっての湿地、淡水魚類にとっての孤立した池沼などもそうです。こうした場所が長期間存在する場所では、独自の進化が起こり、固有の生物相を生むことがよくあります。

※厳密には、突然変異は形質（表現型）の変化を伴わない遺伝子の変異を含みます。

地域ごとに異なる遺伝子

ここまで見てきたように、生物は、個別にはある程度の偶然性を持ちながらも、全体としては法則性を持って分布を形成しています。ところが、現在、この分布に人が大きな改変を加えようとしています。もともとその土地にいなかった生物が、意図せず、場合によっては意図的に持ち込まれることが増えているのです。その結果、地域の生態系に様々な問題が生じるようになりました。いわゆる、**外来生物**の問題です。

南西諸島に持ち込まれたマングースの例を挙げましょう。マングースは、東南アジアから南アジア原産の肉食性哺乳類です。島へは、ハブの対策として導入されました。ところが、マングースはハブよりも、南西諸島の固有種（※）として希少なアマミノクロウサギやノグチゲラを食べるので、それらの個体数が急速に減少する一因となってしまいました。被害に遭った希少生物は、肉食獣がいない島の環境において進化したため、突如として現れた捕食動物のマングースになすすべがなかったのです。

ほかにも、ため池に釣り用に放たれたオオクチバス（ブラックバス）やブルーギルが在来魚を駆逐・食害する問題、愛玩動物として飼われていたアライグマがキツネ・タヌキといった在来の中型哺乳類と競合する問題など、挙げれば切りがありません。

問題となっている外来生物は、何も海外から移入された生物に限りません。すでに紹介したように、日本は多様な生物地理区を持つので、国内の移動であっても、本来いない場所に放つ（植える）行為は問題です。さらには、その生物がもともといる場所であったとしても、別の場所から移動されることが問題となる場合があります。

生物の個体が持つ遺伝子は、同じ種であっても、クローンのような例外を除いて、一つとして同じものはありません。このことは、**生物多様性**の一つに数えられており、**遺伝子の多様性**（遺伝的多様性）と言います。遺伝子の違いは、個体ごとのわずかな形質の違いを生みますが、これがその種の存続を盤石にするとともに、進化の原動力となっているのです。

近年、遺伝子解析が比較的容易に行えるようになると、生物地理学の分野でも遺伝子に注目した調査が進むようになりました。その中で、様々な生物種において、地域による遺伝子レベルの差異が存在することが明らかになってきました。簡単に言うと、同じ種であっても詳細に見ると、地域によって異なる特徴を持つということです。

これまで紹介してきたように何らかの移動の障壁がある場合はもちろんのこと、そうでない場合でも、遠く離れた場所では遺伝子が違うのです。これは、生物が分布を広げる過程で、それぞれの地域の微妙な環境の違いに適応した結果と言えるでしょう。中には、その地域で感染する可能性の高い病気に抵抗性を持つ、といったように、見た目にはわからないが、その場所での種の存続にとって不可欠な形質を獲得した例もあると思われます。

現在、各地で川へのホタル放流や、山への植樹が行われています。近隣で採取し繁殖させた（育苗された）ものであれば、問題は少ないかもしれません。しかし、遠くから得た個体をもとにした場合は、在来の個体と交雑すると、長い時間をかけて獲得した生存の基盤となる遺伝子が損なわれてしまうことも懸念されます。こうしたケースは、遺伝子汚染と呼ばれます。

どのレベルの外来生物問題においても共通することですが、長い時間をかけて自然のつくり上げた生態系に対し、人が畏敬の念を持ち、本来ある状態を大切にする気持ちを育むことが解決の糸口と考えます。

※有害生物という側面が強調されがちですが、ハブやサキシマハブも南西諸島の固有種です。絶滅したニホンオオカミも、有害生物とされた時期があったことを知っておくべきでしょう。

コラム 4

生物の地理学に関するQ&A

Q 緑に覆われていた場所が、樹木を伐採したところ砂漠に変わったという話を聞きます。気候が変わったわけではないのに、どういうことでしょうか。

A 辛うじて植生が見られたところを、過度に利用した結果、砂漠になったということですね。土地が肥え、温暖で雨量の多いところでは、かなり乱暴に木を切っても、時間が経てばたいてい森林は回復します。しかし、雨量の少ないところや、土壌が貧困な土地では、非常に長い時間をかけ、ぎりぎりの条件で森林が発達しています。そこを放牧などで過度に利用すれば、植生の回復が追いつかず草原や砂漠となってしまいます。温暖湿潤で樹林の発達に適した日本でさえ、過去に過度な森林利用が行われ、はげ山化したところが多くありました。

Q 砂漠に植樹をする話を聞きますが、もともと植物のほとんど生えない気候の場所で、どうして植物が育つのですか？ そもそも意味があるのでしょうか。

A

砂漠に植樹する場合、ユーカリなど乾燥に強い樹種を選定し、地下水をうまく利用します。もともと植生があった場所が砂漠化した場合、地下水は比較的地表に近い場所にあると考えられるからです。中には、人工的に灌漑することもあるようです。ただし、灌漑すると地表面に塩分が析出して塩害が発生するなど、逆に環境を破壊してしまうこともあります。ですから、砂漠の緑化は慎重に進める必要があります。いずれにせよ、人が過剰な利用を行って砂漠化した場所でこそ、緑化の意味があります。こうした場所では、もともと樹林に適した土地条件があったわけなので、適切な管理を行い、長い時間をかければ成功すると思います。しかし、もともと気候的に樹林の発達が不可能な場所であれば、どんなに人の手で木を植えたとしても樹林化することは困難ですし、意味がないと思われます。

Q

同じ気候帯では、違う種でありながら似たような形態を持つ植物が生まれることはありますか？

A

はい、あります。わかりやすい例では、砂漠気候に生育するサボテンとそっくりの形をした別種の多肉植物があったりします。このような例を、生態学では**収斂進化**と呼びます。

Q サンゴ礁はどのような植生に区分されますか？　また、ほかにも水中・海中の植生はないのでしょうか。

A サンゴ礁は、重要な生物群集であることは確かですが、植物ではなく動物なので「植生」とは言いません。一般に、植生は陸域を扱いますが、敢えて海中の植生を挙げるならば、魚類などの産卵場として重要な藻場《もば》が挙げられます。また、淡水の池の中に生育する水草も地域の植生の一部をなします。

Q 林と森の違いは何ですか？

A 地理学や生態学の観点からは、林・森という用語に厳密な区別はありません。ただ、一般に、林は人工的に作られた樹林、森は自然状態の樹林を言うことが多いようです。たとえば、用材林・雑木林とは言いますが、用材森・雑木森とは言いません。

Q 照葉樹林と常緑広葉樹林の違いは何ですか？

A 常緑広葉樹林をさらに細かく分けたときの区分の一つが、照葉樹林です。ただし、日本にある常緑広葉樹林はすべて照葉樹林なので、日本の植生を扱った文献では、常緑広葉樹林＝照葉樹林とみなしても問題ありません。

Q サバナの写真を見ていて思ったのですが、なぜ木が距離をおいて生えているのですか？自然に生えているならすぐ近くに生えることもあると思いますが…。

A 厳しい環境では、使える資源（水・日光など）が限られているので、複数本が近接して発芽した場合、生育過程のどこかで強いほうだけが生き残ります。こうして木が疎らに生育する景観が生まれます。

Q 小豆島に行ってオリーブ園を見学しました。あの辺りはオリーブ園が多いようですが、気候と何か関係があるのですか？

A 小豆島のある瀬戸内地方は降水量が少なく乾燥しています。オリーブをはじめとした、地中海原産の硬葉樹の栽培には適した環境です。

Q **二酸化炭素を減らすために、森林伐採と関係の深い割り箸を使うのはやめようという運動がありました。一方で、日本の森林は伐採しなければならないという話を聞いたことがあります。どちらが正しいのでしょうか。**

A 割り箸の問題はかなり複雑です。間伐材や廃材を利用した割り箸もあり、必ずしも森林伐採と結びつかない場合があります。それはさておき、森林伐採をするなという主張と、森林は伐採しましょうという主張は一見矛盾します。しかし、これは複数の種類の森林をまとめて議論してしまっているからそう見えるだけです。森林伐採をやめようというのは、原生林のことだと思います。原生林は、特に発展途上国では急速に減少していますし、先進国でもほとんど残っていません。一度伐採すると回復に長い年月がかかります。一方、森林を伐採しようというのはスギ・ヒノキなどの人工林のことだと思います。これは、いわば「木の畑」です。畑の作物では、間引いて生育を促しきちんと収穫することが必要なように、人工林でも間伐・伐採が不可欠なのです。しかし現在は、山村の過疎化が進み、そうした管理が行き届いていません。結果、人工林が荒れ放題になっている場所も多く、保水力の低下や、その結果起こる水災が懸念されるため、伐採しましょうと言われているのです。

Q 植生と植物相はどう違うのですか？

A 植生は、植物を最初から集合（まとまり）として捉える考え方です。このとき、そこに含まれる一つひとつの種について、必ずしも細かく考慮する必要はありません。一方、植物相は、一つひとつの植物種を区別したうえで、その総体を捉える考え方です。つまり、「その地域にどんな群落・群系があるか？」を調べるのが植生調査、「その地域にどんな植物種があるのか？」を調べるのが植物相調査というわけです。植生調査では、群落の区分が最終目的なので、種の組成で区分するとしても、区分上のカギとはならない種は仮に無視してしまっても調査結果に影響は出ません。しかし、植物相調査では、その地域の全植物種のリストを作成するのが目的なので、ごくわずかにしか自生しない種であっても無視することはできません。

Q 絶滅する前、オオカミは日本のどのあたりに生息していたのでしょうか？

A ニホンオオカミは、一九世紀末までは東北から九州に至るまで、各地の山間部に広く生息していました（ちなみに、北海道にはエゾオオカミがいました）。江戸時代の文献には、「ヤマイヌ」や「オオカミ」を記録したものが多々あります。ところが明治以降、乱獲によって数が激減します。そして、一九〇五年に紀伊山地で捕獲されたのを最後に記録が途絶え、現在に至っています。

Q 最近、様々な野生生物が人里でも目撃されるようになったと聞きます。どちらかというと歓迎されない状況として捉えられているようですが、何が問題なのでしょうか？

A まず、食害や踏み荒らしなど農作物への被害が挙げられます。また、家畜に病気を伝染させる可能性も高くなります。このように、野生生物が人の生活圏に頻繁に進出するようになった背景には、ニホンオオカミなどの天敵の激減によって個体数が増えたこと、農山村が過疎化し防除や対策が手薄になってきていること、休耕田や手入れをしていない山林が増加し野生生物の格好の隠れ家や移動ルートになっていること、など複数の要因が複雑に絡み合っていると考えられています。

Q 地域変異とは、地域によって生じる遺伝子レベルの違いということですが、どのような生物にも地域変異はありますか？また、人間にも地域変異はありますか？

A ほとんどの生物種で多かれ少なかれ地域変異が見られます。特に、移動能力に乏しい種（小型の淡水魚や両生類、アリによって種が運ばれる植物など）では、地域変異は大きなものとなります。ヒトも動物の一種ですから、地域変異が見られます。たとえば、目の色や肌の色などです。これらの地域変異は、ほかの動物と同じく、その地域の自然環境に適応した結果なので（日射量が多いところではメラニン色素が増えるなど）、当然、この違いに優劣はありません。

Q **普遍種と固有種の線引きはどこでするのですか？　また、固有種が普遍種になったり、またその逆が起こったりすることはありますか。**

A 厳密な線引きはありません。もちろん、分布域の面積などに基づいて定義づけをすることは可能ですが、オーソドックスな定義は存在しません。長い日で見れば、ある場所で生まれた固有種が分布を広げて普遍種となることや、普遍種が特定の地域でのみ生き残って固有種になることはあり得ます。ただ、多くの場合、時間の経過とともに進化するので、「固有種の祖先は普遍種であった」というような言い方が適切でしょう。

Q **動物の標本はどうやって作るのですか？　剥製と標本は違うものですか？**

A 剥製も標本の一種です。そのほかにも、骨格標本や皮の標本などいろいろあり、用途によって使い分けます。いずれも、内臓など腐りやすい部分を取り除いて作成しますが、魚などはそのままホルマリンにつけて保存することもあります。

Q 北海道と本州の間には動物地理区の境界線（ブラキストン線）がありますが、本州と四国・九州の間にはなぜ境界線がないのでしょうか。

A 本州・四国・九州の三つの島を隔てる海は浅く、氷期には一つの島であったと考えられます。したがって、生物は自由に行き来ができたため、生物相に違いは生じなかったのです。

第3章

地理学から今を見る

1 なぜ、地球温暖化は問題なのか？

ブーム化する地球温暖化

現在、様々な場面で**地球温暖化**が取り上げられています。そして、クール（ウォーム）・ビズやハイブリッド・カーのような、その対策が一種のブームになっています。地球温暖化は、確かに社会に大きな影響を与える重要な問題で、国際的な政治課題でもあります。地球温暖化に関心が集まることは歓迎すべきですが、その正しい実態を知っている人はどれほどいるでしょうか。

「どこもかしこも気温が上がる！」「たくさん島が沈む！」「恐ろしい病気が蔓延する！」などといった、バラエティー番組が報じるような表面的で扇動的な見方は好ましくありません。地球の気候の仕組みを踏まえたうえで、現状を客観的に把握し、そこから理性的な判断ができるようにしたいものです。そのためには、どうしたらよいのでしょうか。

私は、地球温暖化を少し大きな目で見ることを提案します。つまり、地球が生まれてこの方たどってきた気候の移り変わりの中で、近年の変化を位置づけるのです。これは、自然地理学が地球温暖化を捉えるときの一つの視点です。過去を知らなければ、今を評価することはできません。そのうえで、地球温暖化をどう理解したらよいのか、皆さんと一緒に考えてみましょう。

温室効果はなくてはならない？

地球温暖化とは、地球の平均気温がこれまでより高温になることです。「そんなことはない」と主張する懐疑論もありますが、大多数の科学者は、現在地球温暖化が進んでいることを認めています。いろいろな国から大勢の科学者が集まって、地球温暖化の評価を行うＩＰＣＣ（気候変動に関する政府間パネル）という国際機関があります。この問題に対する世界中の研究の集大成とも言える、この機関の報告書（二〇一四年の第五次報告書）は「温暖化していることは疑いない」と言い切っています。

何を証拠にこう結論するのでしょう。その報告書には、次のような具体的な観測結果が示されています。「一八八〇年～二〇一二年の間に、世界の平均気温が〇・八五℃上昇した」「一九〇一年から二〇一〇年の間に、海面が一九センチメートル上昇した」「過去二〇年にわたり、グリーンランドと南極の氷床が減少し続けている」――。これらは紛れもない事実です。そして、この現象は、人間活動が大気中の**温室効果ガス**の濃度を高めたからである「可能性が極めて高い」とも指摘します。

温室効果とは、太陽から地表に届いたエネルギーが、大気の影響によってすべて宇宙へ逃げず、大気が温まる現象のことです。大気が、温室のガラスのように熱を閉じ込めるのです。温室効果は決して悪いものではありません。悪いどころか、私たちの快適な生活にとって欠かせないものです。現在の地球の平均的な表面温度はプラス一五℃程度ですが、もしも温室効果がなくなったら、マイナス一八℃程度に下がると言われています。私たちを取り巻く住みやすい環境は、適度な温室効果があるからこそなのです。問題なのは、温室効果が「過剰に働く」ことなのです。

温室効果をもたらす気体を、温室効果ガスと呼びます。最もよく知られた温室効果ガスは、二酸化炭素でしょう。二酸化炭素は、大気の中にわずかな割合しか含まれていません。しかし、その割合が年々増えているのです。産業革命が始まる一八世紀頃までは二八〇ｐｐｍ（〇・〇二八％）程度でほぼ一定でしたが、その後ぐんぐん上昇し、二〇一六年現在は四〇〇ｐｐｍ（〇・〇四％）程度となっています。二酸化炭素を排出する石油・石炭といった化石燃料を世界中で消費していることや、二酸化炭素を吸収する森林面積が減少していることが、その原因と言われています。

グスコーブドリの提案

一九三二年に発表された宮沢賢治の童話に『グスコーブドリの伝記』があります。それは、イーハトーヴ（賢治の出身地である岩手県がモデルとされる）に木こりの息子として生まれたグスコーブドリの生涯をたどる物語です。物語の終盤、火山局の技師となっていた彼に、大きな転機が訪れます。一帯の気候が寒くなり、このままでは飢饉となってしまうかもしれないのです。かつて彼は飢饉で家族を失い、辛く苦しい体験をしました。人々のために何としてもそれを防ぎたい。そう思った彼は、ある腹案を持って、恩師であるクーボー大博士のもとを訪ねます。


「先生、気層のなかに炭酸ガスがふえて来れば暖かくなるのですか。」

「それはなるだろう。地球ができてからいままでの気温は、たいてい空気中の炭酸ガスの量できまっていたと言われるくらいだからね。」

「カルボナード火山島が、いま爆発したら、この気候を変えるくらいの炭酸ガスを噴くでしょうか。」

「それは僕も計算した。あれがいま爆発すれば、ガスはすぐ大循環の上層の風にまじって地球ぜんたいを包むだろう。そして下層の空気や地表からの熱の放散を防ぎ、地球全体を平均で五度ぐらい暖かくするだろうと思う。」


その後、グスコーブドリがどのような行動をとったかは、ぜひ物語を読んで確かめてください。ともあれ、まだ地球温暖化という言葉さえなかった時代に、炭酸ガス（二酸化炭素）の持つ温室効果と、その増加に伴う地球温暖化を物語に織り込んだ賢治の農学者としての知識の深さを感じます。

温室効果ガスは、二酸化炭素に限りません。家畜や水田などから排出されるメタン、燃料の燃焼や窒素肥料を施した農地から発生する一酸化二窒素、いくつかの代替フロン類、電力機器の絶縁体などとして使用される六フッ化硫黄といった気体もそうです。これらは、二酸化炭素よりずっと少ない割合しか大気中にありませんが、二酸化炭素と比較してより強い温室効果を持つことや、やはり人の活動の影響で増加していることが問題とされます。

さて、宮沢賢治の童話では、地球温暖化は冷害の特効薬のような書き方がされていました。しかし、現実に起こっている地球温暖化は、恩恵よりも弊害のほうが大きいようです。先に紹介したＩＰＣＣ第五次報告書によると、緩和策をとらない場合、今後一〇〇年のうちに地球の平均気温が二・六～四・八℃上昇すると予想され、こうした気温の上昇に伴う、様々な影響が指摘されています。

まずは、海面の上昇です。よく知られているように、南極やグリーンランドにある大規模な氷床の融解が主な原因ですが、それだけでなく、今ある海水が膨張することも一因です。水は暖かくなると体積が増えるのです。ちなみに、北極の氷は海水面に浮かんでいるだけなので、溶けてもほとんど影響はありません。

　ＩＰＣＣの予想する海面上昇は、最大の場合でも二一世紀末までに一メートルほどです。「あぁ、それなら大したことないや」と思ってはいけません。太平洋やインド洋には、最高所でも標高数メートルしかない非常に低平な島々があります。島が沈まないまでも、生活に欠かせない井戸が塩水化したり、海岸線の侵食が激しくなることが予想され、いくつかの場所では現実に発生しています。このことは、日本の沿岸域にとっても他人事ではありません。

　続いて、異常気象の発生です。第二章をすでにお読みの方は理解していただけると思いますが、地球温暖化に伴って海水温が上昇すると、蒸発量が増えるので、総じて降水量も増加します。つまり、豪雨やそれに伴う洪水や土砂災害が起こりやすくなります。また、地球の気候システムは複雑で、逆に少雨になる地方もあるとされます。そうした地域では気温の上昇と相まって、熱波や旱魃《かんばつ》が起こるリスクもあります。

　健康被害も心配されます。熱中症をはじめとした高温に伴う生理障害がこれまで以上によく起こるようになりますし、マラリアをはじめとした熱帯感染症が、日本を含めたより北方の地方で蔓延する危険性もあります。すでに、猛暑の夏にはお年寄りや子どもたちが熱中症で搬送されるニュースが目立つようになっていますし、近年には東京で熱帯感染症であるデング熱騒ぎもありました。

生態系の変化も起こるでしょう。一般に、生物はゆっくりとした環境変化には移動や適応という手段で乗り切ることができます。しかし、生物のこうした能力を超えた急速な変化が起これば絶滅するしかありません。特に、逃げ場のない高山帯や、海面上昇によって水没してしまう干潟に暮らす生物にとっては深刻な問題です。さらに、熱帯性の外来生物が暮らしやすくなることにより、在来生物が追い払われたり、捕食されたりすることも増えるかもしれません。

食糧生産についても様々な懸念があります。一律に収量が減少するようなことはなく、賢治の童話のように、寒冷地で収量が増加する場合もあるかもしれません。一方で、気候の変化によってそれまでになかった病虫害が発生したり、高い気温が苦手な作物が栽培しにくくなったりすることもありますから、注意が必要です。

気候変動が歴史をつくった？

近年、盛んに地球温暖化が取り上げられるので、ずっと一定だった地球の気候が、ここにきて急に変動しているかのように受け取られることがあります。しかし、それは正しい理解とは言えません。

地球の気候は、常に移ろっています。長い目で見れば、地球は生まれてこの方、安定した気候だったことは一度たりともないのです。今よりずっと寒い時代があった一方で、非常に暑い時代もありました。なのになぜ、今になって地球温暖化が問題とされるのでしょうか。その理由は節の最後に考えるとして、ここでは、これまでの**気候変動**とその影響を十分に踏まえておきましょう。

地球の気候は、緯度・海陸分布・地形などの様々な要因によって規定され、地域差が生じていることはすでに紹介しました。これを空間軸の変化とすれば、これからお話しする気候変動は時間軸の変化です。

地球の気候システムは非常に複雑ですから、時間軸によって一律に世界の気温が上下するわけではありません。その程度は地域によって様々で、極端な例を挙げれば、全体としては温暖化している中で寒冷になる場所もあります。ただ、話がややこしくなりすぎるので、ここで温暖化・寒冷化といった場合には、地球全体の平均的な傾向を指すことにしましょう。

第二章では、氷期の存在が現在の生物分布に大きな影響を及ぼしている例を紹介しました。かつて繁栄を極めた恐竜が、突如として絶滅してしまった背景に、気候変動の影響があることを聞いたことがある方もいるでしょう。この例が示すように、気候変動は生物の分布や進化に大きな影響を与えています。

気候変動の影響は、生物だけにとどまりません。気候変動のスパンは、数万年という長期のものがある一方で、数百年、数十年という短いものもあります。後者に注目すると、気候変動は人の社会にも影響を及ぼしていた可能性もあるのです。

歴史時代を気候的な観点から大ざっぱに区切ると、西暦九〇〇年頃までの寒冷な時代、以降一四〇〇年頃までの温暖な時代、さらにそれ以降の寒冷な時代の三つに分けられます。

その中の温暖な時代は、日本ではおおよそ平安時代から鎌倉時代に相当します。その頃の歴史を眺めてみると、中尊寺金色堂が現在にその繁栄を伝える奥州藤原氏の活躍が目を引きます。現在では岩手県に含まれる、かなり寒冷な場所に華やかな文化が栄えたのは、気候が温暖化によって食糧事情が良かったことも背景にあるのでしょう。ヨーロッパでは、同時期にやはり寒冷な地域である北欧において、ヴァイキングの活躍が知られています。

ところが、一四〇〇年頃から気候が寒冷化してくると、農産物の収量が落ち、各地で食糧事情が悪化します。そこで、できるだけ広い領地で安定して統治したいという各地の有力者の思惑が強まったことが、戦国時代到来の背景にあったとも言われています。このように、気候変動は歴史をもつかさどっていた可能性があるのです。

気候変動が起こるわけ

それではなぜ、気候は変動するのでしょうか。その要因はいくつかあり、それらが複合していると考えられています。

まず挙げられるのが、地球にもたらされる太陽エネルギーの増減です。太陽は活動が活発な時期とそうでない時期があることが知られています。太陽が活発に活動する時期は、地球も温暖になるという具合です。太陽活動の変化は、太陽の表面に見られる黒っぽい低温の部分（黒点）の数の増減と関わっていることもわかっています。古くから、この黒点の数の変動と社会情勢が関係しているという言説が見られました。先にお話ししたように、歴史、すなわち社会情勢の変化は、地球の気候とも関係しているので、古来の言説はまったく迷信とは言い切れない側面があります。

また、地球の公転軌道や地軸の傾きが変動することも一因とされます。この変動は、地球全体で見れば、年間を通した太陽エネルギーの総量にほとんど影響を与えませんが、緯度帯によっては季節変化が激しくなることがあります。夏が特別に暑くなったり、冬が非常に厳しくなったりするわけです。この変動だけで気候変動を説明することはできませんが、何らかのほかの要因と組み合わさることで、周期的な気候変動をもたらすという説があります。

地球内部の活動も要因と考えられています。具体的には火山活動です。『グスコーブドリの伝記』のように、火山活動によって大気中の二酸化炭素の濃度が上がり、温暖化に至ることもありえます。一方で火山活動は、大気中に火山灰などの微粒子（エアロゾルと呼ばれる）を巻き上げることもあり、その場合は日射を遮断して気候を寒冷化させます。

エアロゾルによる日射量の減少は、地球外からの隕石の衝突によって生じることもあります。先に紹介した恐竜の絶滅の原因と目されている事件が、まさにそれです。恐竜の絶滅は、隕石の衝突による衝撃よりも、その後の急速な寒冷化によって引き起こされたと言ったほうが正しいでしょう。

日記から昔の気候がわかる

ここまでの説明で、気候変動が過去に実際に起こっていたらしいことをご理解いただけたと思います。それでは、過去に起こった気候変動を、どうして現代の私たちが知ることができるのでしょうか。それは、直接・間接の「気候の記録」が自然や社会の様々なところに隠れており、それらを探し出し、読み解いて、つなぎ合わせているからです。

最もわかりやすいのは、測器による観測データでしょう。現代社会では、雨量計・温度計・風向風速計などの様々な測器が、気象を管轄する機関によって各所に設置され、リアルタイムで観測が行われています。小学校にある百葉箱も、簡易ではありますが、同じ役割を果たしています。日本では自動観測が進み、気象庁が百葉箱による観測をやめてから、小学校でも次々と百葉箱が撤去されていると聞きます。これは非常に勿体ないことです。伝統的な学校では数十年分のデータが蓄積されているはずで、たとえば三〇年前と現在の気候の比較なども、学区単位できめ細かく調べられるのですから。私が通った小学校にも百葉箱があり、理科委員だったときには、決められた時間に気温を観測していました。子どもたちが、身近な自然を調べる一つのきっかけでもあったのに、残念です。

日本が測器による組織的観測を始めたのは一八七二年（明治五年、東京ではその三年後）で、全国の主要箇所に測候所ができるのはもうしばらく後になります。したがって、日本の気候状況を観測データで遡ることができるのは、せいぜい百数十年程度ということになります。ほかの国でも似たり寄ったりで、気象観測の歴史の古いヨーロッパでも二百年そこそこというところです。もちろん貴重な時系列データなのですが、地球の長い歴史から見れば、百年や二百年など、針の先のようなものです。長いスパンの気候変動を解き明かすデータとしては、明らかに不足です。ならば、それ以前の気候は、どのような方法で探ればよいのでしょう。

皆さんは日記を書かれるでしょうか。最近はブログやＳＮＳで身近な出来事を仲間と共有するのが流行りなので、紙に書きつける人は少ないかもしれません。紙の日記を普段書かない人も、学校の課題などで書いた日記を思い出してみると、必ず「〇月〇日、晴れ」のように天気を記録しませんでしたか？　昔の人も同じだったようで、江戸時代以前の人々がつけていた古い日記にも、天気や気温に関する記述があります。また、桜が咲いた、紅葉が色づいた、といった季節を特徴づける自然現象に目を配り、文字に記録している場合もあるでしょう。このように、古文書の中にある気象記録（古記録）を抽出・分析することで、測器による観測が行われていなかった時代でも、ある程度気候の変遷を知ることができます。

たとえば、古くからの記録が集まる京都において、貴族の日記などに基づいて「雪が降った」という記録のある日を時代別に集計すると、平安時代には少なく、室町時代になると多くなるという結果が得られています。同様に、お花見の日程を集計してみると、平安時代のほうが概ね早い傾向があります。こうしたデータから、平安時代は温暖であったという推論が導かれるのです。

水害・飢饉・旱魃といった気象災害・異常気象、あるいは御神渡り《おみわた》り（湖が凍った際に氷が一直線に盛り上がる現象）のように信仰・宗教に関連した気象現象は、公的な記録にも残りやすく、大切に保管されるので、長期間の気候変遷を探る史料として非常に重要です。

年輪に記録された過去の気候

古記録は有用ですが、時代が古くなるほど文字記録は少なくなります。そして、どう頑張っても、人が文字を持たない時代（先史時代）に遡ることはできません。さらに古い時代の気候を知るためには、また別の手段をとらなければいけません。その一つが、生物に刻まれた記録、あるいは生物が遺した痕跡を用いる方法です。

前者の例には、**年輪年代法**と呼ばれる手法があります。皆さんは木の年輪を知っていますね。丸太や切り株の断面に見える、幾重にも重なった同心円の模様です。名前のとおり一年に一輪増えるのですが、実は、その間隔は一定ではありません。木が勢いよく成長しているとき、年輪幅は広がり、逆に成長が緩慢なときは狭くなります。一般に、木は気候が温暖な時ほど成長します。この関係を利用し、切られた年代がわかっている木材や、立木の一部より得られたサンプルを使って、気候を復元します。もちろん、一本の木だけですと、たまたま虫に食われて成長が悪い時期があったとか、急に日当たりが改善されてよく成長するようになったとか、個別の事情が強く反映されて不正確です。そこで、付近のたくさんの木を調べ、平均をとることで、一帯の気候の変化を知ることができるのです。

最近では、単に年輪の幅を測るだけではなく、組織に含まれた同位体を分析することで、より精緻に気候を復元しようという研究も進んでいます。同位体というのは、大気や生体を構成する酸素や炭素といった原子の中で、少しだけ重さの違うものを言います。たとえば、よく晴れた日が続くと、軽い酸素原子を含んだ水から蒸発してゆくので、葉の中に重い酸素が増え、結果、その時代の年輪にも重い酸素の割合が多くなるといった具合です。また、年輪を刻む生物には、ほかにサンゴやシャコガイなどがあり、これらからも同様に気候復元に関するデータが得られています。

生物が遺した痕跡を用いる手法としては、**花粉分析**と呼ばれるものがあります。植物は、種ごとに適した気候があるため、気候が変われば、生える植物の種類も大きく変わります。植物の幹や葉は、枯れたあと分解されてしまうので残りませんが、花粉は硬い殻で覆われているため、ずっと残ります。さらに都合のよいことに、花粉は種や属によって固有の形をしているので、専門家が見れば、どの植物の花粉であるかをかなり細かく突き止めることができます。したがって、ある深さの堆積物から寒冷地に多い植物の花粉が多く見つかれば、その堆積した時代の気温は低かったと推測できるのです。

花粉化石のような、目に見えないほどの小さな化石を微化石と呼びます。気候復元に有用な微化石には、ほかにも、イネ科やカヤツリグサ科などの植物体に含まれるプラント・オパール（細かいガラス質の粒子）や、水域の微生物である珪藻などがあります。

生物を用いず、物理的な手法でより古い時代の気候を復元する試みも行われています。たとえば、南極大陸やグリーンランドには、何十万年も前からの氷が一度も溶けずに積み重なっているところがあります。こうした場所からそっくりそのまま氷の柱を抜き取り（氷床コア）、水の組成や細かい泡の中に封じ込められた当時の大気の組成を、層別に調べる研究があります。同様の方法で、海の底の堆積物に関しても調べられています（海底堆積物コア）。

私たちは氷河時代を生きている

ヨーロッパや北アメリカを訪れると、地域の一角に不思議な石がぽつんと存在していることがあります。調べてみると、周辺のどの地質とも違い、いったいどこからやってきたのかわかりません。それで、迷子石という名前がついています。かつては、創世記に描かれた洪水によって運ばれたとも言われていましたが、なぜそこにあるのか、科学的な説明はずっとできないままでした。

この迷子石に着目したのが、一八〇七年にスイスで生まれた地質学者ルイ＝アガシーです。彼は、「これほどの石をはるか遠くから運ぶ力と言えば、**氷河**くらいしかない。かつて、今よりもずっと広範囲に氷河が広がっていた時代があった名残だろう」と考え、一八四〇年に発表した著書『氷河研究』の中で、**氷河時代**の存在を提唱しました（※）。大変合理的な説明なのですが、第二章で紹介した大陸移動説と同様、新しい斬新な学説はすぐには受け入れられません。数十年の時を経て、やっと学界が受容すると、氷河に関する研究がスタートしました。その中で、氷河が発達した時代は一回ではなく、何度もあったことが明らかになってきました。

氷河時代（※※）とは、大きな氷床が地球上に存在している時代です。よく、気温が何℃以下になると氷河時代になるのですか？　という質問を受けますが、気温で定義されているわけではありません。寒冷な時代であることは確かですが、あくまで氷床の存在に着目した時代区分なのです。

最新の研究によると、これまで地球が経験した氷河時代の中には、地球上のほとんどの地域が氷で覆われるような、非常に寒冷な時代も何度かあったようです。このときの地球は**スノーボール・アース**と呼ばれ、生物の進化に関わる重要なイベントになったとされます。スノーボール・アースが起こったのは、いずれも原生代と呼ばれる生命の進化の初期段階でした。当時はまだオゾン層が形成されておらず、すべての生命は有害な紫外線を避けて海の中で暮らしていました。こうした海の大部分が凍りついても、火山活動は継続しましたから、その熱で一部は液体の水があったのですね。こうした場所で生き延びた生命が、私たちの祖先というわけです。

さて、私たちは今、**第四紀**と呼ばれる二五八万年前から続く地質時代に生きています。第四紀は地球史的に見ると寒冷な時代で、地球上に大きな氷床がずっと存在し続けています。つまり、第四紀はまるごと氷河時代なのであり、意外なようですが、現在も氷河時代というわけです。

第四紀の気候を詳しく調べると、その中でも特に気温の低い時期と、比較的温暖な時期が交互に訪れていることがわかりました。前者を**氷期**、後者を**間氷期**と呼びます。現在から遡って最も新しい氷期（**最終氷期**）はおよそ一万年前に終わり、現在は間氷期にあたります。この現在に続く間氷期を完新世と呼び、第四紀のうちそれより以前は更新世と呼びます。かつては、それぞれ沖積世・洪積世と呼んでいましたが、現在は使われません。

※実際には、氷河によって運ばれたという説は以前から存在しており、それを取りまとめたのがアガシーとされます。

※※氷河時代のことを「氷河期」とも言います。むしろこちらの言い方のほうが一般的かもしれませんが、日常の会話では氷期（特に最終氷期）のことを氷河期と言う場合もあり、混同されがちなので、この本では使いません。

図 3-1　氷河によって形成されたカール地形（2011.8、南アルプス荒川岳付近）

最終氷期に起こったこと

最終氷期は、およそ七万年前に始まり一万年前に終わりました。ヨーロッパ・アルプス地方では**ヴュルム氷期**と呼ばれており、こちらの名前で覚えた方もいるでしょう。最終氷期は、地球の歴史からすればつい先ほどの出来事なので、私たちが目にする自然環境に様々な痕跡を残しています。一万年前が「近い時期」と言われると違和感があるかもしれませんが、地球史的にはついさっきのことなのです。気候変動と自然環境の関わりを探るために、現在確認できる氷期の名残りを訪ねてみましょう。

地形に残された痕跡としては、**カール**（U字谷）が代表的なものです（図３－１）。最終氷期には、日本にも小規模ながら氷河が発達し、地面をU字型に削りました。日本アルプスや大雪山系などに残されたカールは、このときに刻まれたものです。

氷期には、高緯度地方に氷床が大きく発達します。最終氷期には、ユーラシア大陸ではヨーロッパ北部の大部分やシベリアの北部、北アメリカでも五大湖周辺まで巨大な氷床があったとされます。他方、海の水は氷河や氷床に掻き出されたようになって、海面が下がります。そうなると、海が隔てていた大陸どうしや大陸と島とが陸続きになるところが生じます。こうしてできた陸橋を、人の祖先や様々な陸上生物が移動し、分布域を広げました。たとえば、ユーラシア大陸と北アメリカ大陸の間にあるベーリング海峡も干上がり、ここを伝って人類は北米大陸へ渡りました。南北アメリカ大陸のネイティブの人々が日本人をはじめとしたアジア系の人々と比較的近い遺伝子を持つのは、このことに由来します。日本列島付近も例外ではありません。当時、北海道はユーラシア大陸の半島であり、こうしたこの時期の海陸分布が現在の生物相に影響を与えたことは、第二章でお話ししたとおりです。

日本の高山帯に棲息するハイマツ（図3－2）やライチョウ（図3－3）、そのほか様々な高山性の生物の多くが、氷期に分布を広げ取り残されたものとされます。最終氷期には、北海道の東部はツンドラとなり、中部地方付近まで亜寒帯の針葉樹林が発達していました。垂直分布を見ても、現在の高山帯に相当する植生がもっと低標高まで広く分布していたと考えられますので、ハイマツやライチョウは、現在よりかなり広い範囲に生息していたと

図 3-2　ハイマツ（ⓐ 2009.7、北海道大雪山、ⓑ 2011.8、南アルプス）

ハイマツは条件がよいと、ⓑのように人の背丈より高くなることもある。

図 3-3　もやの中に現れたライチョウ（2011.8、南アルプス聖岳付近）

思われます。氷期が終わった後の温暖化に伴って、高いところに逃れて生き延びたのが、現在、私たちの目にする高山性の生物なのです。こうした生物種は**遺存種**と呼ばれます。

高山性・寒冷地性の生物は何も寒いところを好んでいるとは限りません。温暖な地域に生育する生物と比べて生存競争に弱いものが多く、敢えて条件のよくない場所で生き延びるという生存戦略をとっている場合も多いのです。たとえば、東海地方の標高数十から数百メートルの低い丘陵地には、湧き水によって形成された小さな湿地（湧水湿地）がたくさんあります。こうした湿地の植物を観察すると、ヤチヤナギ・ミカワバイケイソウ（図3－4）・イワショウブ・ミズギクといった本来は寒冷地や高山に生育するものや、その近縁種がまとまって生育していることに驚かされます。これも、湿地という一般の植物が進出しにくい場所に逃れた氷期の遺存種なのです。

図 3-4　氷期の遺存種の一つであるミカワバイケイソウ
（2016.5、愛知県豊田市）

よく知られる近縁種コバイケイソウは高山に逃れたもの。このミカワバイケイソウは東海地方の湧水湿地に逃れたものです。

ヨーロッパに目を移すと、先に紹介したように、アイルランドやイングランド北部、ユトランド半島（デンマーク付近）やドイツ北部は氷河で覆われ、その南には広大なツンドラが広がっていたとされます。森林植生は、ピレネー山脈やアルプス山脈の南にしかありませんでした。これらの山脈は標高が高いので、氷期が終わっても温暖な気候を好む大部分の植物はこの山を越えられませんでした。このため、イギリスでは樹木の種類が限られていて、子どもでも主なものはあっという間に覚えてしまうと聞きます。対して、氷河の影響が軽微だった日本では、非常に多くの樹種があり、覚えるには大変な努力が必要です。

地球温暖化の何が問題なのか

ここまで、地球の気候が様々な原因で常に変動してきたこと、それが社会や生物相に様々な変化をもたらしたことを紹介してきました。であればなぜ、今さら地球温暖化が問題とされているのでしょうか。変化するのが常なのであれば、取り立てて問題にする必要もなさそうに見えます。そこを、考えてみましょう。

第一の問題は、その変化が急激だという点です。ＩＰＣＣ第四次報告書の付随資料によると、「現在の世界平均気候変化率は、過去のいかなる変化よりもはるかに急激で異例なものである」と記述されています。最終氷期最盛期から間氷期に移行する際も、地球平均でおよそ四〜七℃の地球温暖化が起こったとされ、局所的にはもっと大きかったと考えられています。しかし、それは数千年かけて起こった変化です。つまり、現在私たちが経験している温暖化より一〇倍もゆっくりとした変化だった可能性が非常に高い、とも述べられています。

すでにお話ししたように、生物は、ゆっくりとした環境変化に対しては移動や適応によって柔軟に対応できます。しかし、そのスピードが急激であれば、対応しきれずに絶滅を招いてしまいます。人類の場合は、ある程度の変化は技術によってカバーすることができるでしょう。しかし、すべては不可能ですし、対応が追いつかない場合は、ほかの生物と同様に大きな脅威となります。

それこそが第二の問題です。地球の気候の歴史は、まだ十分には解明されていません。もしかすると、過去には、現在と同程度かさらに急激な気温変化があったかもしれません。その際、当時の生物たちは大量絶滅を余儀なくされたことでしょう。こうした破局的な環境変化も地球史の一部だとすれば、地球に生まれた人類が自滅的で破局的な環境変化を引き起こしたとしても、それもまた地球史の一部と言えます。つまり、人類による地球温暖化も、地球の経験する「自然」の一つだという理解も、ある意味では妥当でしょう。

しかし、私たちは人類です。人類が等しく晒されている脅威に対して、客観的にばかり見ていることはできません。温暖化をはじめとした地球環境問題とは、突き詰めれば「いかに人類にとって安全で快適な生活環境を維持するか」という課題と言えます。地球温暖化が人類の脅威である以上、これを問題として捉え、国際的に協力して対応していく必要があると言えます。

第三の問題は、ほかの生物の生存を脅かすことです。地球温暖化は、人類という一種の生物が、ほかの生命にとっても共通する大気という生存基盤を、勝手に改変してしまう出来事です。現代のように人類の影響力が圧倒的となり、ほかの生物種の生殺与奪の権を握る時代には、他種の生存に対する倫理的な責任を、人類が負っているという考え方もされるようになりました。生物にはそれぞれ生きる権利があり、それを脅かすことは避けなければならないということです。

もう皆さんおわかりのように、地球温暖化は、自然科学と人文社会科学の両側面を持つ現在進行形の問題です。その両方を見据えた地理学がこの問題で果たすべき役割は非常に大きいものがあります。

2 なぜ、地図は伊勢湾台風の被害を知っていたのか？

地図は悪夢を知っていた

一九五九（昭和三四）年九月二六日一八時頃、その年に発生した十五番目の台風が紀伊半島の潮岬付近に上陸しました。潮岬測候所の気圧計は、その際に九二九ミリバール（現在用いられているヘクトパスカルと同じ）を指していました。相当の勢力を保ったまま台風は北上し、その東側にあたる伊勢湾周辺は次第に激烈な風雨に見舞われることになります。二〇時四五分には伊良湖岬で最大風速四五・四メートル毎秒を、名古屋でも二二時に三七・〇メートル毎秒を記録。各地の最大時間雨量は軒並み二〇ミリメートルを超え、多いところでは七〇ミリメートルにも達しました。伊勢湾各所では、気圧の低下や風の吹き寄せによって高潮が発生。名古屋港では平常潮位より三メートル以上海面が高くなり、堤防を越えて溢れた海水は、貯木場の丸太を巻き込んで市街地へなだれ込みました。人口密集地に襲いかかった水と丸太は、多くの家屋を流失・損壊させ、愛知県だけでも三千人を超える方々が犠牲となりました。全国では五千人を超える死者・行方不明者を出したこの

図 3-5　1959 年 10 月 11 日付中部日本新聞サンデー版の記事

気象災害は、のちに伊勢湾台風と名付けられます。

　翌月一一日、被害の大きかった中京圏の地方紙「中部日本新聞」は、この災害を検証する記事を掲載します（図3－5）。タイトルは、『地図は悪夢を知っていた』。記事には次のようなことが書かれていました。

　「こんどの伊勢湾台風にしても、被害を最小限度にくい止める手はいくつもあったはずである。（中略）こんどの災害が決して予測できなかったものではないことを示す一枚の地図をご覧にいれよう」。紙面に大きく示された地図は、総理府資源調査委員会が一九五六年に発行した「木曽川流域濃尾平野水害地形分類図」。自然地理学の研究者であった大矢雅彦氏が作成したものです。その地図を読み解きながら記事はこう進めます。「この地図はこんどの被災地を色分けしたものではない。洪水や高潮の場合を想定して、すでに三年前に作られたものだ。（中略）この地図を見る人はそれがそのままこんどの被災状況にピッタリと一致することに驚かれるだろう。（中略）この地図は悲しい悪夢を知っていた。ただ人間が地図の示す意味に深い関心を持たなかっただけなのだ」。

つまり、伊勢湾台風の悪夢が起こる数年前に、気象災害を予測した地図が作成されていたこと、そして、それが十分に対策に生かされなかったことを指摘しているのです。当然のことながら、大矢氏は千里眼をもって地図を描いたのではありません。地道な研究成果として、たまたま災害の数年前に地図が完成していたのです。では、なぜ気象災害の被害を予測する地図を作ることができたのでしょうか。また、それを社会に活かすには、どのようなことが必要なのでしょうか。地理学の知見に基づいて、考えてみましょう。そこには、災害から自分や家族を守るためのヒントが含まれています。

自然災害とは何か？

そもそも、私たちの命や財産を脅かす**自然災害**（natural disaster）とは、どのようなものでしょうか。第二章で見てきたように、私たちの暮らす地球表面は、様々な自然現象に満ちています。虹やオーロラ、蜃気楼のように美しいものもあれば、水の循環のようにかけがえのない恩恵を人類に与えてくれるものもあります。その一方で、地震や噴火、豪雨のように深刻な結果を社会にもたらすものもあります。このような、自然現象が人間社会にもたらす負の影響（被害）を自然災害と言います。

大規模で破壊的な自然現象が起こっても、必ずしも人間社会に被害が及ぶとは限りません。たとえば、人の住んでいない地域の河川が大氾濫を起こしたところで、これを自然災害とは呼びません。ですから、学問の世界では自然現象と自然災害を厳然と区別します。このため、「自然現象」としての名称と、その結果としての「自然災害」の名称が異なることもしばしばあります。たとえば、「東北地方太平洋沖地震」は自然現象の名称、「東日本大震災」は自然災害の名称です。

自然災害の解明とそれを防ぐすべを知ることは、私たちが必要性を痛感する重要な研究テーマです。これらを進めるためには、原因となる自然現象がどのように生じる（生じた）かという自然科学的なアプローチと、被害がいかにして生じる（生じた）のかという人文社会科学的アプローチの双方がなくてはなりません。その橋渡しができる地理学が、コーディネーターとしての役割を期待されています。

気象災害と地形

さて、自然災害にはどのようなものがあるのでしょうか。自然災害は、大きく、気象現象に起因するもの（気象災害）、地球内部の運動に起因するもの、それ以外のものに分けることができます。気象災害の具体例として、豪雨に伴う河川氾濫や斜面崩壊、暴風・突風や竜巻、豪雪などが挙げられます。意味を広くとれば旱魃・猛暑・冷害といった異常気象による被害も含まれます。地球内部の運動に起因するものは、主に地震災害と火山災害が相当しますが、それらに伴う津波・液状化・降灰なども含まれます。それ以外のものとしては、伝染病・病害虫の大量発生のような生物学的なものや、隕石衝突・太陽フレアによる磁気異常のような天文現象によるものがあります。この節では、これらの中でも、伊勢湾台風のような気象災害を中心に取り上げます。

ここでは、典型的な気象災害として、特に河川氾濫や斜面崩壊に注目します。第二章を読まれた方は、それらは地形を形づくる普遍的なメカニズムであることにお気づきかと思います。それらは決して異常な自然現象などではなく、長い目で見れば地形形成の過程で地球表面に起こる、ありふれた日常の一コマなのです。

それぞれの地形の背景には、そのように出来上がった自然現象があります。その中には、破壊的なものもあるでしょう。これを逆から見れば、どのような地形の場所では、どのような災害が起こりやすいかを知ることができます。実は、この考え方が「悪夢を知っていた地図」と深いつながりがあります。

地図の謎解きをする前提として、地形ごとに気をつけたい気象災害をざっと眺めておくことにしましょう。

あっという間に起こる斜面災害

大雨が降ったあと、街中でも多少起伏のあるところを歩くと、むき出しの土手が小規模に崩れ落ちていたり、斜面の植え込みから土砂を含んだ濁った水が流れていたりするのを目にすることがあります。

普段、斜面であっても地表が崩れ落ちないのは、土の粒子が互いに摩擦力を働かせて踏みとどまっているからです。しかし雨によって地中の水分量が増えると、摩擦力が働きにくくなり、斜面を構成する物質は不安定になります。そして、最終的には崩壊に至ります。これが**斜面崩壊**と呼ばれているものです。斜面崩壊は、山地や丘陵地、あるいは段丘崖といった斜面で構成された土地では、どんな場所でも気をつけるべき自然災害です。

斜面崩壊には様々なタイプがあります。まず、**崖崩れ**です。斜面崩壊と言った場合、狭い意味ではこの崖崩れを指すことがあります。崖崩れは、斜面の一部が崩れ、乱れて下方に落下する現象を言います（図３－６）。次に、**地滑り**です。これは、崖崩れと違って、斜面の一部があまり乱されずに、塊のまま滑るように下方へ移動してゆく現象です（※）。さらに、**土石流**があります（図3－7）。土石流は、水を含んだ土砂が渓流などを一気に流れ下る現象です。その凄まじさから、山抜けとか、山津波などと呼ぶこともあります。

　斜面崩壊は、風化の進んだもろい岩盤の斜面では頻繁に起こります。日本には、北海道や九州・四国の南部を除いて広く花崗岩が分布していますが、この岩石は特に風化しやすく崩壊しやすい性質があります。風化した花崗岩はマサ（真砂）と呼ばれ、陶器の原料や庭などの敷土として活用されます。有用な資源ではありますが、ひとたび大雨が降ると、マサで覆われた斜面は危険地帯となります。過去に起こった斜面崩壊による被害の多くが、こうした花崗岩地帯でした。

図 3-6　鈴鹿山脈の山腹で発生した崖崩れ
（2009.9、三重県菰野町）

　二〇一四（平成二六）年八月に広島市北部の花崗岩地帯で発生した豪雨では、住宅街に崩壊した土砂が流れ込み、七〇人を超える死者が出ました。また、一九七二（昭和四七）年七月の「昭和四七年七月豪雨」は、全国で発生した梅雨前線による豪雨災害の総称です

図 3-7　三重県宮川村で発生した土石流（2004.11）

が、愛知県三河地方から岐阜県美濃地方に至る花崗岩地帯でも相次いで土石流が発生しました。愛知県内では六〇人以上が、岐阜県でも二〇人以上が犠牲となりました。

現在は豊田市の一部となっている旧愛知県藤岡町の町誌を編む仕事に携わった際、昭和四七年七月豪雨（地元では四七・七災害と呼んでいる）の状況を、地元の方々から聞き取る機会がありました。「ものすごい雷が鳴ったとたん、裏山が崩れ、電気も消え、右も左もわからなくなった。近所の家に必死で避難しようとしたが、そこの家も裏山が崩れていてどうにもならず、さらに川を渡って避難しようとしたら橋が崩れていた」「炊事場まで土砂が崩れ、家の中に大きな木の根っこが入ってきた」

……こうした貴重な証言からわかることは、土砂崩れはあっという間の出来事であって、起こってから避難することは非常に困難だということです。事前に危険性を把握しておき、大雨が降り続く場合は、早めに安全な場所へ避難することが何よりも大切です。一度災害が起こったからといって、土地の性質が変わることはありません。ですから、斜面崩壊は同じ地域で繰り返し起こる危険性があります。過去の被害から学ぶことも大切でしょう。

※用語上、地滑りと斜面崩壊とを区別する分類もあります。この本では大雨などで斜面が崩れること全般を斜面崩壊と呼んでいます。

氾濫原に住むリスク

斜面に乏しい沖積低地では、水が溜まることや、その水に流されること（洪水）に対する警戒が必要です。特に、自然堤防帯の氾濫原は、その名のとおり河川の氾濫によって形成された土地です。氾濫することがその場所の自然なのですから、こうした場所に暮らす場合は、常にその対策を講じておくことが大切です。

昔の人々は、このことをよく理解していました。氾濫原の中でも特に浸水被害に遭いやすい旧河道や後背湿地を避け、集落は比較的安全な自然堤防に立地させました。第二章で紹介したように、河川に沿って細長く並ぶ集落は、このようにして出来上がったのです。しかし、近年になって氾濫を防ぐ堤防が整備されると、土地需要もあって後背湿地にも家が立ち並ぶようになりました。しかし、堤防は万全ではありません。記憶に新しい二〇一五年の「平成二七年九月関東・東北豪雨」では、茨城県常総市で鬼怒川が堤防を越えて溢れ出し、五〇〇〇棟を超える家々が被害に遭っています。

二〇〇〇（平成一二）年九月に発生し、名古屋市をはじめとした濃尾平野周辺各地に被害をもたらした東海豪雨は、私が実際に経験した最も深刻な気象災害です。本州付近に停滞する秋雨前線が、南からの暖かく湿った空気によって活発化し、二日間のうちに多い場所で五〇〇ミリメートルを超える雨が降りました。この地域の年降水量はおよそ一五〇〇ミリメートルですから、この豪雨だけでその三分の一の雨が降ったのです。

その九月一一日の夜、私は大学（当時学部学生だった）の帰りに愛知県東海市のお宅で家庭教師のアルバイトをしていました。その日は、どういうわけかまったく天気に頓着しておらず、雨の予報も頭の中にありませんでした。勉強中に、中学生の生徒がしばしば窓の外に目をやって集中しないのに、少々イライラしたくらいです。いつもどおり教えはじめてしばらくすると、普段は勉強中に姿を見せることのない、その子のお母さんが階段を上がってくるので不思議に思いました。そして、「先生、電車が止まっているらしい……もう今日は動く見込みはないそうです！　泊まっていきますか？」と言うのです。私は最初、何を言っているのかまったく理解できませんでした。

いろいろ聞いて、次第に様子がわかってきました。東海地方一帯が未曽有の豪雨となっていること。さっき降りた最寄り駅も完全に浸水して使えないどころか（かつて水田だった低い場所にある）、ほぼすべての路線で電車が止まっていること。それだけではなく、様々な被害が出ていること……。結果的には、生徒のお父さんが、機転を利かせて尾根伝いの道路を使って自宅まで送ってくださり、事なきを得ました。大変感謝しています。

この豪雨では、庄内川の破堤をはじめとした河川氾濫による被害も大きかったのですが、**内水氾濫**という都市型水害の恐ろしさも見せつけられました。内水氾濫とは、河川に集まった水が氾濫するのではなく、市街地内に降った雨（正確には堤防で守られた範囲）が排水されず、低所に溜まって起こる洪水です。森林や農地などの土のある場所では降った雨は次第に土中にしみ込みますが、都市のようにアスファルトやコンクリートで固められた場所では、行き場を失って次々と低いところへ流れ込んでしまいます。それでも通常は、水路を伝って河川へ排出したり、ポンプで排水したりするのですが、河川の水位が高く逆流してしまったり、ポンプの処理能力を超えた場合には、どうすることもできません。

干拓地の悲劇

さて、沖積低地のうち三角州帯や、その先の干拓地・埋め立て地では、また別の被害に対する警戒が必要です。それは**高潮**です。高潮とは、台風などの強い低気圧によって海面が上昇した際に、風によって海水が吹き寄せられ、浸水する災害です。よく津波と混同されますが、津波は地震によって引き起こされる海面変動なので、メカニズムがまったく違います。

三角州帯は非常に低平な環境ですし、干拓地・埋め立て地はそもそも海底だった場所なので、危険性は自明です。特に干拓地は、もともと海底であった場所をかさ上げせず干上がらせただけの場所なので、一度浸水すると排水が困難なこともあります。

先に、伊勢湾台風の高潮被害を紹介しました。その中でも、愛知県弥富市にある鍋田地区の経験したことは、まったく悲惨なものでした。そこは、戦後に食糧増産のために作られた干拓地で、およそ四〇〇ヘクタールの土地に、三〇〇人余りの入植者が住んでいました。伊勢湾台風は、その全域を水没させ、結果として入植者の三人に一人以上が亡くなってしまったのです。また、名古屋市港区にある別の干拓地では、半月してやっと水が引くと、流されてきた多くの靴が見つかりました。それらを集め、犠牲者を弔った「くつ塚」には、現在も石碑が遺されています。

ある場所の危険性を知るには？

地質・標高といった土地の条件によって、起こりやすい災害の種類やリスクの大きさが異なることは理解していただけたでしょうか。気をつけるべき災害をあらかじめ知り対策を立てるためには、地形を分類した地図や地質図、標高データを手に入れ、想定される災害の条件を考慮しながら、総合的に検討してゆくことが肝要です。とは言っても、地域に住む全員にこれを求めることは困難ですし、リスクの判断にはより専門的な知識も必要となります。

そこで近年は、地方自治体などが専門家に依頼して、予想される自然災害の種類や被害程度を表した地図を作成し、それを住民に配布するようになりました。これを**ハザードマップ**と呼びます。ハザードマップは、気象災害に限らず、地震災害、津波災害、火山被害など様々な自然災害に対して作られています。少し変わったところでは、自然災害ではありませんが、原発災害のハザードマップを作ろうという動きもあります。

節の冒頭で紹介した「悪夢を知っていた地図」は、元祖・ハザードマップだったのです。伊勢湾台風の被害の大部分は、高潮によるものでした。その地図で、高潮被害に遭いやすい場所、つまり埋立地や三角州として塗り分けられていた場所が、実際に被害に遭ったのです。

当時は、自然災害を予測した地図があるなどということは、世間にほとんど浸透していませんでした。新聞記事は、これがほとんど周知・活用されないまま実際に大災害が起こってしまったことを「仏作って魂入れず」と批判しています。それから六〇年近くが経った現在、この状況は改善されているでしょうか。

現在では、ほとんどの自治体でハザードマップが作られ、住民に広く行き渡っています。ハザードマップそのものは、当時と比べ物にならないほど普及しました。しかし、それらに魂が入っているかどうかは少し怪しいと感じます。たくさん印刷・公開されていることに安心してはいけません。ハザードマップが配られていることを知らない人、知っていても見たことがない人、見ていてもその情報を正しく理解していない人がいたとすれば、まだ「魂入れず」の状況と言えるでしょう。皆さんも、この機会にぜひご自宅や学校・職場の付近のハザードマップを一度ご覧になってください。どこにあるかわからない、という方は、役所で聞いてみるといいでしょうし、近年はほとんどの自治体でインターネットによる公開もしています。

ハザードマップを使って、避難先を決めたり、避難経路を考えたりする人もいるでしょう。これから住む場所を決めるときに参考にする人もいるかもしれません。そうした大切な情報源となるハザードマップですが、その利用にあたって気をつけなければならないことがあります。それは、ハザードマップを鵜呑みにしたり、過信したりしてはいけないということです。なぜなら、大部分のハザードマップは、何らかの具体的想定に基づいて作られているからです。

たとえば、今手元にある名古屋市の内水氾濫ハザードマップには、「名古屋地方気象台で記録した過去最大の観測雨量が名古屋市全域に降った場合」について、シミュレーションしたと書かれています。それ以上の雨が降ることがないとは言えませんし、排水ポンプが故障するような想定外の事態だってあり得ます。ですから、地図に示された浸水深やその範囲は、絶対的なものではありません。東日本大震災の際、津波災害のハザードマップで示された「津波は到達しない」という評価を鵜呑みにして、避難が遅れた地域があったと、ニュースで聞いたことがあります。これでは本末転倒です。これを教訓として、その二の舞だけは避けなくてはいけません。

そのためには、やはりハザードマップの利用者一人ひとりが、そのリスク評価の背景にある土地条件について一定の知識を持ち、その意味を理解できるようになることがベストでしょう。

自分で作るハザードマップ

とはいえ、土地条件と言われても正直よくわからない、という方もおいででしょう。そこで、自分で簡単にハザードマップを作る方法をご紹介しましょう。ちょっとした地図入手の手間さえかければ、あとは色鉛筆一セットを用意するだけで誰にもできる、簡単な方法です。

まず、作りたい地域の二万五〇〇〇分の一地形図（国土地理院発行）を求めます。大きな本屋さんに行けば大抵売っていますし、ネット通販もあります。次に、その図幅において、伝統的な土地利用が行われている時代の古い地図を手に入れます。これがちょっと手間なのですが、国土地理院のウェブサイトに紹介されている「旧版地図の謄抄本交付」の方法に従って申し込みをすると、通常は一枚あたり五〇〇円（＋送料）で送ってもらえます（二〇一七年現在）。地形図は何度も更新されており、その履歴と各発行年は同じサイトの「地図・空中写真閲覧サービス」から確認できます。都市周辺の地域であれば、高度成長期前までの都市化していない頃がよいでしょう。基本的に、最も古いものを選べばまず問題ありません。

新旧の地図が入手できたら、地図記号に沿って、色鉛筆で着色します。図幅全域を着色しようとすると大変なので、まずは図面の四分の一から八分の一程度の狭い範囲を試してみるとよいでしょう。細かくてわかりにくいときは、二倍程度に拡大コピーすると、作業

（1）宅地・集落　【赤色】

（旧版地形図の例）　（新しい地形図）

（4）畑など【オレンジ色】

※　明治期の地形図に
畑の記号はない

（新しい地形図）

（2）森林（広葉樹林・針葉樹林・竹林など）
【緑色】

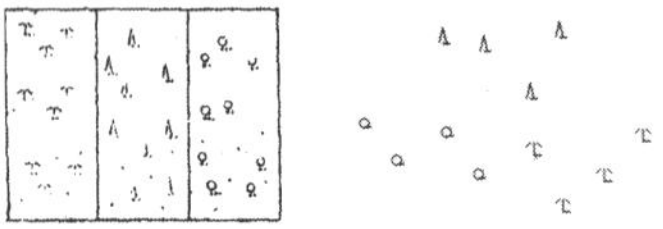

（旧版地形図の例）　（新しい地形図）

（5）樹園地（果樹園・茶畑・桑畑など）
【ピンク色】

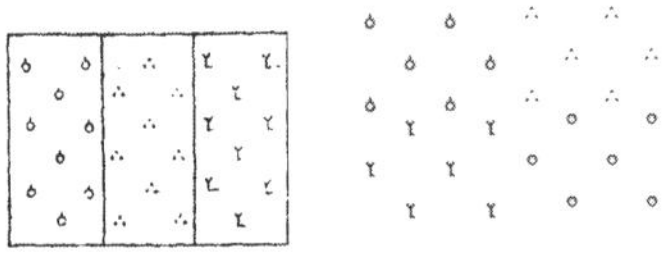

（旧版地形図の例）　（新しい地形図）

（3）田【黄色】

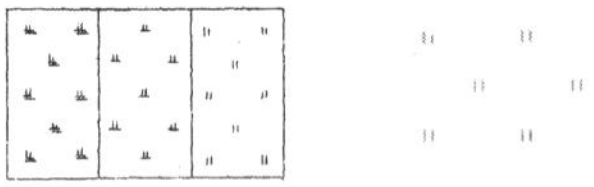

（旧版地形図の例）　（新しい地形図）

（6）水域（河川・池沼）【青色】

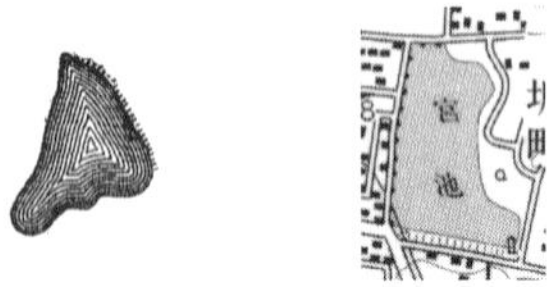

（旧版地形図の例）　（新しい地形図）

（7）その他（荒地・河川敷・工場用地など）
【灰色】

図 3-8　地図記号と色の対応例

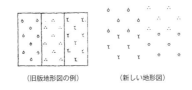

がしやすくなります。色の割り当ては任意で構いませんが、たとえば、国土地理院がかつて発行していた土地利用図を参考に、図３－８のようにしてみるとよいでしょう。

両方の地図の着色が済んだら、比較をしてみましょう。自宅・学校・職場・最寄り駅・公民館などの、よく知っている場所の昔の土地利用はどうなっていますか？

第二章で紹介したように、伝統的な土地利用と地形は、おおよそ対応しています。また、この節で紹介したように、自然災害の種類やリスクと地形も、おおよそ対応しています。つまり、伝統的な土地利用は、地形を介して間接に、自然災害の種類やリスクと対応しているのです。ですから、土地利用別に色を塗った古い地図が、そのままハザードマップの役割を果たすのです。

古い地図に示された土地利用（伝統的な土地利用）と自然災害の種類・リスクとの対応を簡単に説明しましょう。水田や水域であった場合は要注意です。そこは三角州や氾濫原の後背湿地、谷底低地の可能性が高く、豪雨時の浸水リスクがあります。また、地震の際には、地盤が軟弱なため、同じマグニチュードであっても周囲より大きく揺れる可能性があります。一方、伝統的な集落や畑地であった場合、そこは台地上や自然堤防上である可能性が高いため、浸水のリスクは低くなります。また、地盤がある程度堅固なため、地震の揺れも水田だった場所に比べて小さくなる可能性があります。

森林であった場合は、少々複雑です。一般に、森林はほかの用途として利用しにくい、段丘崖や丘陵斜面などに立地する傾向があります。そのような場所が宅地になっているとすれば、尾根を切り取った部分（切土地）は台地上と同じで堅固ですが、谷を埋めた部分（盛土地）は軟弱です。特に切土地との境界の場合、地滑りが起こりやすく要注意です。森林がそのまま現在もあり、住宅地に迫っている場合もあるでしょう。その場合は、斜面と隣り合わせの宅地の可能性があるので、斜面崩壊に対する警戒が必要です。斜面に荒地マークがあった場合は、かつてそこがはげ山だった可能性があります。こうした場所は、現在も植生が貧弱で土壌が安定しない場合があり、特に気をつけなければいけません。

防災から減災へ

災害一般に対して策を講ずるにあたって、多くの場合、**防災**という言葉が使われます。すなわち、災害を完全に防ごうという考え方です。火事や労働災害のような人災については、この考え方が非常に重要です。何よりも人間のミスを減らすことが肝要ですし、うっかり生じてしまったミスについても、何重もの安全対策を施すことで、災害に至らずに済むようにできます。

しかし、自然災害を完全に防ぐことはほぼ不可能です。自然を人間の完全なコントロール下に置くことはできないからです。津波災害を例にとってみると、過去最高の津波に耐えられる堤防を造っても、この先それを乗り越える津波が発生する可能性があります。だ

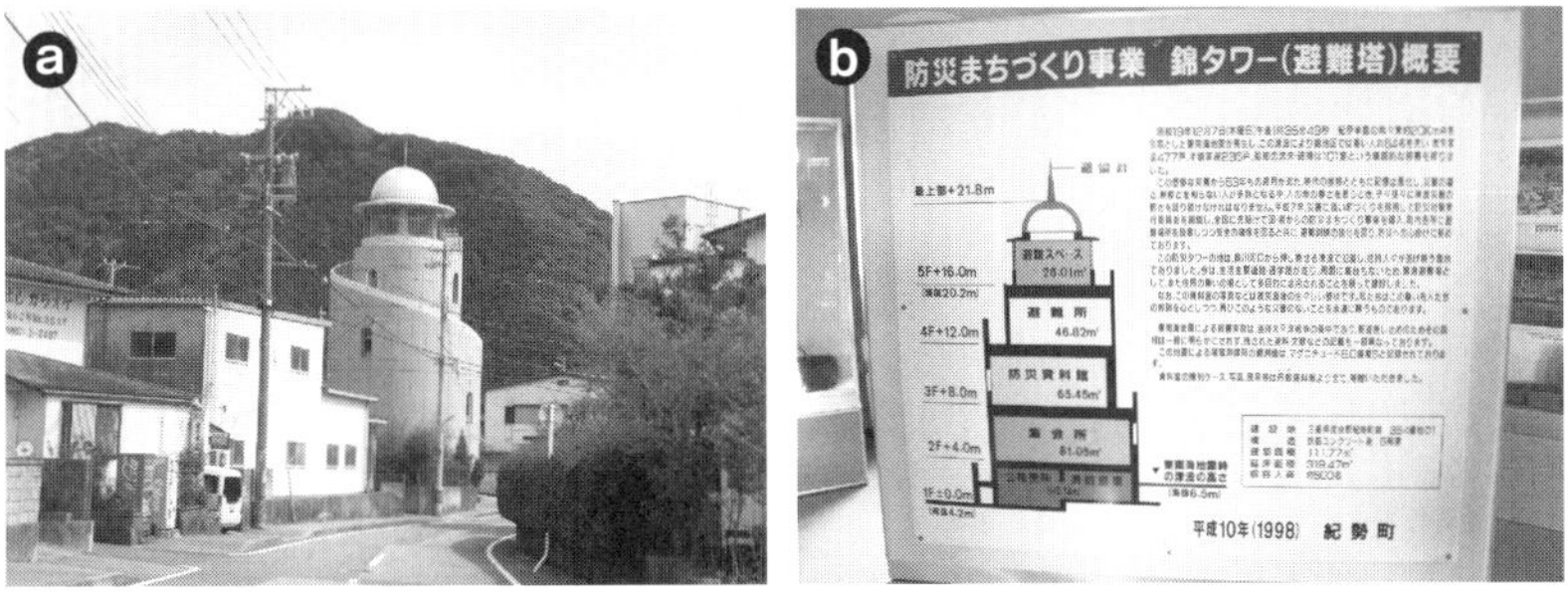

図 3-9　南海トラフ地震の津波に備えて造られた三重県大紀町の錦タワー（2012.4）
熊野灘に面した錦地区では、住民を収容できる避難塔を建設することで、減災を実践しています。

からといって、何十メートルもの高さを持つ、どんな津波も絶対に乗り越えない堤防を、海岸線のすべてに張り巡らせることは、物理的にも金銭的にも不可能です。人間社会が様々な変動のある自然界の中にある以上、どうしてもある程度の災害は受容しなければならないのです。

そこで生まれた言葉が**減災**です。これは、災害が発生することを受け入れたうえで、できるだけ被害を減らそうという考え方です。限られた資材や予算に優先順位をつけ、最も大切なものから対応する、ということでもあります。例を挙げれば、莫大な予算と時間を使って巨大堤防を張り巡らせる代わりに、堅固な地盤の高台にしっかりした避難所を造り、避難訓練を繰り返し行って、誰もが間違いなく避難できるようにする、といったようなことです（図3－9）。巨大にしなかった堤防を乗り越えて津波が押し寄せるリスクはあります。家や家財は流れてしまうかもしれませんが、少なくとも掛け替えのない人命は、これで守ることができます。

究極の減災は、人間社会を自然災害リスクの高い場所から撤退させることでしょう。日本では、高度成長期の人口増加に伴って、それまで住むことを避けてきた氾濫原の後背湿地や、丘陵地の斜面を削った場所などに街を造ってきました。近年、自然災害が増えたという説があります。それが正しいとすれば、こうした状況が背景の一つにあるのかもしれません。

これから日本は人口が減少してゆく社会となります。そこで、上手に人間社会の活動範囲を縮めていく必要があります。このときに、法規制や土地税制などの経済的手法によって、自然災害リスクの高い場所から優先的に撤退してゆくことを考えるべきでしょう。

若干唐突ですが、それは、日本の生物多様性を保全するためにも理にかなったことです。自然災害リスクの高い場所、すなわち自然環境が安定していない場所には、かつてそれに適応した豊かな生物相が存在していました。たとえば、氾濫原の後背湿地には河川と行き来する多様な淡水魚類が生息しており、それらが食べる水草やプランクトン類、またそれらを狙う鳥類や哺乳類を含めるならば、相当の生物がそこに暮らしていたと考えられます。それらは、後背湿地が水田として利用されるようになってからも引き継がれましたが、住宅街になってしまった後は、もはや生きながらえることはできません。これからの時代、こうした場所から人間社会を撤退させ、その土地を本来の自然環境に戻すならば、こうした生き物たちの絶滅のリスクは回避されるでしょう。

3 なぜ、照葉樹林帯に照葉樹がないのか？

照葉樹林帯なのに針葉樹林が生えている

国木田独歩の『武蔵野』は、東京近郊の田園を観察した美しい描写で知られます。

「林はじつに今の武蔵野の特色といってもよい。すなわち木はおもに楢《なら》の類《たぐい》で冬はことごとく落葉し、春は滴《したた》るばかりの新緑萌《も》え出ずる変化が秩父嶺以東十数里の野いっせいに行なわれて――」という記述からは、絵巻物のような見渡す限りの瑞々しい森林地帯が目に浮かびます。

でも、「あれ？」と思いませんか？　第二章で紹介したように、関東地方の半地から丘陵地は、西日本から連続するシイやカシなどが茂る照葉樹林（常緑広葉樹林）であるはずです。それが、落葉するナラの類が主であるとは、どうしたことでしょうか。独歩は見間違いをしたのでしょうか。はたまた、落葉樹が多いというフィクションを仕立てたのでしょうか。

そんなことはありません。これは紛れもない事実です。実は、日本の照葉樹林帯では、現在まとまった照葉樹の森はほとんど存在していないのです。多くの部分がスギ・ヒノキの植林地とされ、そうでない場所も独歩が記したようなナラ類を中心とした落葉樹林か、マツ類を主とする針葉樹林に置き換わっています。植林地はさておき、なぜそうでない場所までも植生が変化してしまったのでしょうか。それは、長い時間をかけて人が植生に関与してきたからです。

植生遷移の考え方

私たちが目にする森林という植生は、植林地は別として、一朝一夕に出来上がったものではありません。何十年もの植生発達の末に、やっと森林は成立します。風や鳥、昆虫などが周囲から種子を運び、まずは背の低い一年生の草本からなる草地が成立します。第二章で紹介したように、草本植物は、一生のサイクルが短く、また厳しい環境でも生き残るすべを持っています。こうした一年生草本の繁茂によって土壌をはじめとした植物が生育しやすい環境が整ってくると、今度はススキのような背の高い多年生草本が進出し、さらに数年してやっと、マツ類のような樹木の中でも厳しい環境に耐えられる種が入ってくるのです。

つまり、植生は時間の経過とともに変化します。このことを**植生遷移**と呼びます。ただし、時間経過に伴う植生変化であっても、季節変化のような周期的な変化は植生遷移とは呼びません。氷期の終了とともに針葉樹林が落葉広葉樹林に変化するといったような、気候の温暖化や寒冷化、また、土地の乾燥化や湿潤化に伴う他律的な変化も、広い意味では植生遷移です。しかし、ふつうは、植生自身が環境をつくり変化していくという、方向性を持った自律的な変化を植生遷移と呼びます。

植生遷移は、先に紹介したように、いくつかの段階を経て進み、最終的にはそれ以上ほとんど変化しない状態に至ります。それは、その場所の環境（特に気候）に適した植生に到達したことを意味しており、**極相**《きょくそう》と呼んでいます。第二章で紹介した、気温や降水量によって決まる群系は、この極相のことだったのです。ですから、同じ気候を示した地域で、極相とは異なる相観の植生を見かけたら、遷移の途上にある植生である可能性が高いと言えるでしょう。

日本の照葉樹林帯における植生遷移は、典型的には次のように進みます（図３－10）。裸地に一年生草本が生育を始め、多年生草本に移り変わり、マツ類が進出するところまでは、冒頭で記したとおりです。その後、数十年経過するとコナラ・クヌギ・アベマキといった落葉性のナラ属の木々が生育するようになります。マツ類や落葉性のナラ属の木々は明るいところで素早く成長する性質を持つため、陽樹と呼ばれます。ですから、葉の広いナラ属の木々がびっしり生育するようになると、その林床では次の世代の落葉性ナラ属は育ちにくくなってしまいます。代わりに、シイ・カシといった弱い光の下でも生育できる照葉

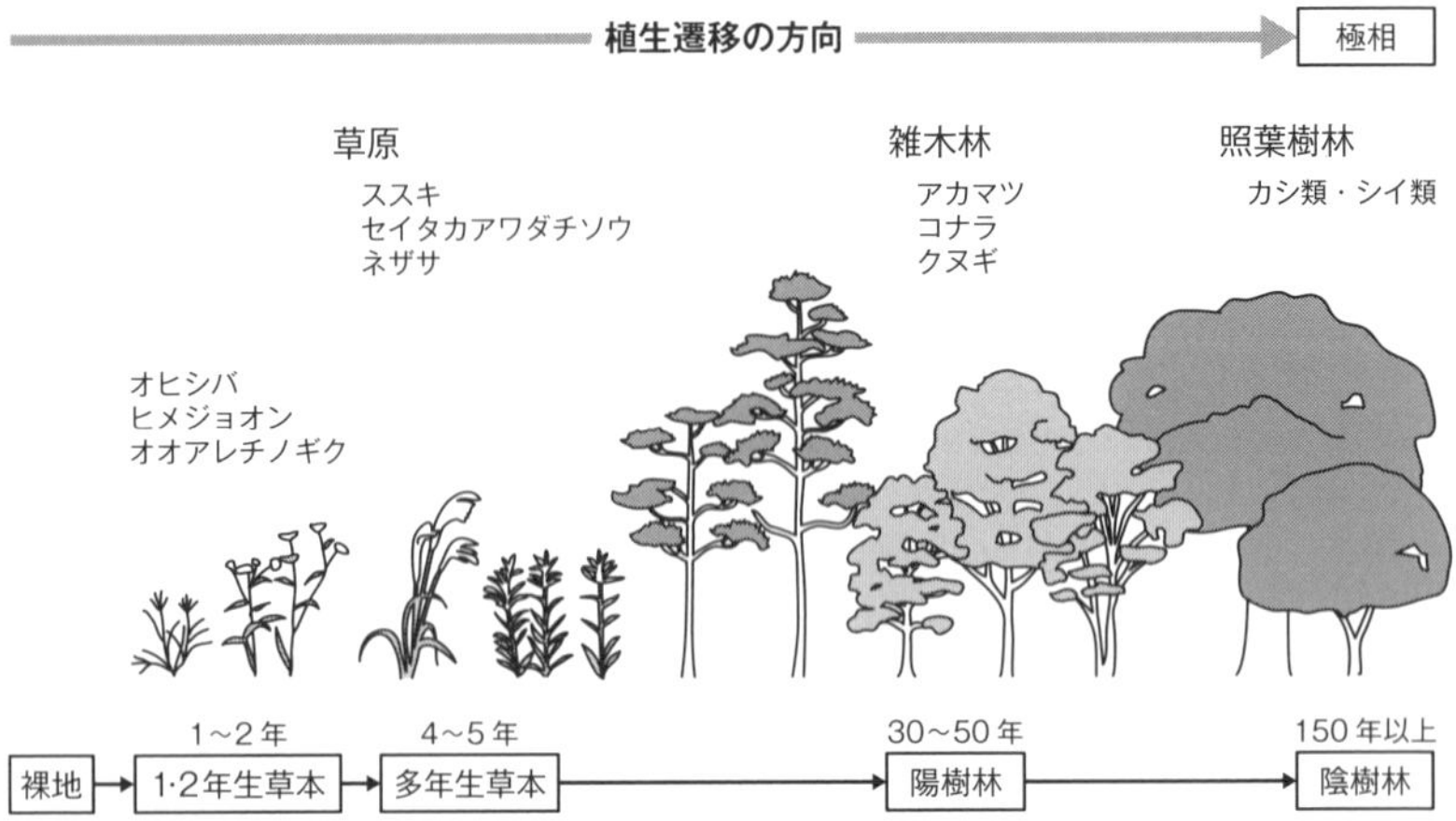

図 3-10　関東および西日本の低地における植生遷移

〈『里山の自然をまもる』築地書館、p.35 を参考に作成〉

樹（陰樹）の稚樹が育ちはじめ、さらに何十年かすると、落葉性のナラ属を抑えて優占種となります。そうなると、これはもう極相林ですから、照葉樹どうしで世代交代が行われるようになり、それ以上遷移は進みません。このような一連の植生の変化を**遷移系列**と呼びます。

　第二章で紹介した、世界の群系を思い出してみてください。総じて環境の厳しい場所に成立するのが草原、環境のよい場所に生育するのが森林でした。そして、森林の中でも、環境の厳しいところに成立するのが針葉樹林や落葉広葉樹林、最も環境のよい場所に成立するのが常緑広葉樹林でした。ここで紹介した植生遷移は、空間的に分布しているこうした環境別の植生分布が、時系列に並べ替わったものと捉えることもできます。

人間が植生に与えたインパクト

ところで、植生遷移は何もなければスピードの差こそあれ順調に進みます。しかし、時には途中で邪魔が入ることもあるでしょう。たとえば、火山が噴火したり、河川が氾濫したり、斜面崩壊が起こったり……。あるいは、人によって伐採されたり、家畜による踏圧を受けたりすることもあるでしょう。こうした、遷移の進行を妨げたり、リセットしたりするような外部の力を**攪乱**《かくらん》と呼びます。ちなみに、「かくらん」と言うと、普段健康な人が、珍しく病気になる「鬼の霍乱」を思い起こす人がいるかもしれませんが、字も意味も違います。

度重なる攪乱を受けると、植生は通常の遷移系列とは逆方向に進む場合があります。たとえば、シイ・カシ類からなる照葉樹林を伐採し続けると、コナラなどの落葉広葉樹林に移り変わり、さらにそれを切り倒し続けると、マツ林になるという具合です。こうした変化を**退行遷移**、または遷移の退行と呼びます。実際のところは、こうした場合でも植生は極相に向かって変化しようとするのですが、極相に至る前に新たな攪乱を受けるのでそこまでたどり着けず、また、攪乱によって環境が悪化し遷移のスピードが鈍ることになるので、だんだんと退行しているように見えるのです。退行遷移が究極まで進行すると、ほとんど植生のない状態、つまりはげ山が出現することになります。

「現代は歴史上森林破壊が最も顕著な時代である。かつて人類は豊かな森林と共存していた」と考える人も多いでしょう。確かに、人口の少なかった熱帯多雨林の分布域のように、海外ではそのような場合もあります。しかし、少なくとも日本では事情が違います。近世や近代は、西日本を中心に各地で退行遷移が起こり、あちこちにはげ山が分布する森林破壊の著しい時代でした。

有史以来、人は植生に対して大きなインパクトを与え続けてきました。歴史が古く、人口が多かった地域ほど、人が植生に与えた影響は大きかったと言えます。森林は木材の供給源であり、現代の油田に相当するような燃料の生産地でした。多くの木造建築が建てられた都の近くや、製鉄業や窯業のように火を使う産業の発達した地域では、ことごとく森林は使い果たされたのです。それが、ちょうど照葉樹林の分布域と重なっていました。かつて「三大はげ山地帯」と呼ばれたのは愛知・滋賀・岡山の三県付近のことですが、いずれも大部分が照葉樹林帯に含まれる、産業の盛んな地域でした。

愛知県付近の例を挙げると、豊かな森林資源と粘土を産する地質を背景として、古墳時代（五世紀頃）より窯業が勃興しました。以来、室町時代（一四世紀頃）に至るまで、おびただしい数の登り窯が丘陵斜面に築かれたのです。そこで燃やされる燃料は、当然のことながら、付近に広がっていた森林を伐採して得た割り木です。登り窯の発掘の際に得られた炭化材を分析してみると、窯業が広まる前の三世紀頃には照葉樹林が最も多く燃やされていましたが、九世紀にはコナラなどの落葉広葉樹の割合が最多になっていました。その状態も長く続かず、一三世紀の終わりには、燃やされたのはマツばかりとなりました。そして、江戸時代の絵図や、明治時代に撮影された丘陵地の写真を見ると、各地ではげ山か、貧弱なマツ類の疎林しか残っていなかったことがわかります。

このように、日本の照葉樹林帯の多くでは過去に凄まじい森林収奪が行われ、それが終わった現在でも、まだその爪痕が残っているのです。

里地里山の意義

それでは、こうした退行した植生は、もはやどうにもならない、まったく無価値なものなのでしょうか。また、遷移の退行を引き起こす攪乱は、生態系にとってマイナスの影響のみをもたらすものなのでしょうか。意外なようですが、いずれもそうではないのです。

皆さんは、**里山**とか**里地**という言葉を聞いたことがあるでしょうか。里山とは、生活のために必要な炭や薪、農業を営むうえで必要な落ち葉や下草を採取するために維持・管理・利用していた人里近い森林のことを言います。里山では、十数年おきに立木の伐採が行われることが一般的で、普段でも下草を刈ったり落ち葉を集めたりといった小規模な攪乱が繰り返されていました。人の激しい利用によって潜在植生から退行した森林も、こうした必要性を背景としてうまく管理し、持続的に利用してきたのです。

また、里山の周りには、水田や畑といった耕地、用水路やため池といった利水設備、そのほか牛馬のための採草地や信仰の場としての社寺林が存在していました。こうした伝統的な農村の土地利用が見られる範囲を里地と言うことがあります。こうした場所も、本来は森林や湿性草原が広がっていたと考えられますので、原生状態がある程度保たれた社寺林を除けば、攪乱を受けた環境と言えるでしょう。

こうした里地里山が、現在では都市近郊に残る生物の貴重な棲息地として注目を浴びています。攪乱を受けた環境が、多くの生物を育んでいるというのは、なんだか変な感じがしますね。

自然界には洪水・山火事・斜面崩壊といった攪乱を引き起こす自然現象が常に存在しています。先の節でお話ししたように、度々攪乱が起こる状態こそが自然なのです。ですから、極相の森林もあちこちで攪乱を受けており、遷移系列の様々な段階の植生が同じ地域に同時に存在するのが一般的でした。生物の中には、長い進化のプロセスの中で、こうした攪乱を受けた場所にいち早くたどり着き、極相に至るまでの間にまた別の攪乱地に移り住むという生存戦略を獲得したものもいます。つまり、まったく攪乱のない状態では、こうした生物が締め出されてしまい、生物相が乏しくなってしまうのです。

里地の利用や里山の施業は、こうした自然に起こる攪乱を図らずも人が代替したものとも考えられます。したがって、里地や里山では、遷移系列上に出現する様々な生態系が同所的に分布していることで、豊かな生物相を保持しているのです。

しかしながら、戦後、木質燃料から化石燃料への急速な変化（これを**燃料革命**と言う）が進むと、里山の燃料材供給地としての意義が薄れました。すると、伐採や下刈りといった施業も行われなくなり、各地の森林において一斉に遷移が進むことになりました。人の影響が大きく及ぶ前の環境に戻るのであれば、問題ありません。しかし、災害に結びつく危険性があるため、自然のままに攪乱が起こるような事態は多くの場所で許されません。さらに、モウソウチクをはじめとする外来種が生態系の中に多く存在している今日では、すべての森林が正常な遷移系列をたどることができるとは限りません。つまり、里地や里山を放置することで、絶滅してしまう生物が出てくるリスクがあるのです。

こうしたことから、里地の利用・里山の施業を継続し、それらの環境を維持しようという動きが各地で広がっています。たとえば、都会の人たちが管理をサポートしたり、生産された農産物に付加価値を付けて販売し、維持管理にかかる費用を賄ったりといった活動があります。里地里山には、生物の棲息地としての価値に加え、人々が自然と向き合って生活してきた結果、形づくられた文化的な景観としての価値もあります。里地里山の保全に必要なのは、先にお話ししたような経済活動や労力によるサポートもそうですが、究極的にはこうした価値に多くの人が気づくことではないでしょうか。

自然を守るということ

自然環境を「守る」と言ったとき、**保存**（preservation）と**保全**（conservation）という二つの異なった考えがあります。保存とは、できる限り手を加えずに守ることを言います。人の影響を排除し、自然のなすがままにするのがよいという考えです。「自然には自ずからの価値がある」「人間社会は自然と対立するものだ」といった考え方と結びつきやすいのがこちらです。一方、保全とは、適切に手を加えながら守ることをいいます。利用しながら守ることと言ってもよいでしょう。「人の利用という点で自然は価値がある」「人間社会と自然は折り合いがつくもの」といった考えと結びつきやすいのがこちらです。皆さんの考えは、どちらに近いですか？

かつてアメリカでは、西海岸の国立公園を巡って保存か保全かという大論争が起きたことがありました。しかし、基本的にはケース・バイ・ケースで考えていく問題であろうと思います。このとき、この二つの考え方は、対立するものではなく、補完し合うものになります。

人間活動の影響を受けていない自然環境を、**原生自然**と言います。英語では、wilderness（ウィルダネス）という表現を使います。原生自然には多様な生態系が含まれます。具体例を日本の中で探せば、釧路湿原や尾瀬ヶ原のような湿原生態系、日本アルプスや大雪山に見られるような高山帯植生、知床半島・白神山地・屋久島に残る「原生林」

図 3-11　原生自然の残る尾瀬ヶ原（2015.7、福島県桧枝岐村・燧ケ岳山頂より）

などがあります（図３－11）。このような場所は、人の関与のない状態で良好な状態を保ってきた経緯から、保存の考え方を基本に据えるべきでしょう。樹木の伐採を行ったり、道路を建設したりすれば、生態系の健全性が根本から損なわれる危険性があります。

この考え方から、法律をはじめとした様々な取り決めによって、原生的地域への入山や狩猟・漁労を規制するケースがあります。ところが、まったく人の活動を遠ざけることが、果たして良いことかどうかは議論の分かれるところです。そもそも、日本に前人未踏の自然環境は存在するでしょうか。古くから人間活動が見られ、高度に利用されてきた日本では、厳密な意味での原生自然はどこにも存在しないと言ってよいでしょう。

たとえば、「原生林」ではマタギと呼ばれる伝統的な猟師が狩猟をしたり、高山帯では修験者が宗教的な登山を行ったりしてきました。これらの人間活動は、原生自然を大きく変質させるものではなかった一方で、豊かな文化的土壌を地域に育んできました。したがって、厳密な保存に固執せず、部分的に保全の考え方を取り入れる場所を残すことで、自然・文化の双方を守ることができるでしょう。

一方で、先に紹介した里地里山をはじめとした、人が関与した結果成立した自然環境は、保全の考え方を基軸にすべきでしょう。人が適切な活動を持続することで、その自然環境は良好な状態を保つことができます。

しかし、そうした里地里山においても保存が適切な場所があります。たとえば、鎮守の森と呼ばれる神社に付随する森林は、神様の依り代として、古くから手を加えずに残されてきた植生です。スギやヒノキが植えられるなど、厳密には原生自然とは異なる植生の場合もありますが、極相に近い希少な自然環境に手を加えるのはふさわしくありません。

このように、同じ地域の中であっても、場所や対象によって守り方を分ける必要があるケースは多くあります。どの場所を、どのような考え方に基づいて守ってゆくかという計画を**ゾーニング**と呼びますが、まさに地理学が扱っていくのにふさわしい課題です。

地理学の新しい可能性

地理学は、地表面のあらゆる事象を扱うという特徴から、人と自然の関わりを総合的・統合的に追求できるという強みを持っています。この章で扱った地球温暖化や災害に関する課題では、すでにその強みが大いに生かされています。そして、身近な自然環境を守るという課題についても、同じ理由で強みを発揮できるはずです。

ところが残念なことに、前者二つに比べて、身近な自然環境に関する課題に対しては、少なくとも日本の地理学界の関心はいま一つです。特に、こうした現場で、地理学の研究者が活動に携わっている例をあまり知りません。一方、そうした現場に赴くと、隣接分野である生態学の研究者によく出会います。近年は、生態学関係の集まりに参加すると、生き物と環境との関わりの追究という分野本来の課題を超えて、自然保護や環境教育を通じた地域社会への貢献といったテーマで議論が繰り広げられることが多くなっています。熱心な議論を聞きながら、地理学の研究者も参加したら、もっと広く深く発展するのに……と、もどかしく思うこともしばしばです。

一方、地理学関係の集まりで、生態学も関係する自然保護地域に関する話を聞いた際に(そもそも、こういうテーマが地理学の集まりで出されることが稀です)、「生態学ではこんな風だ。でも、地理学ではこんな風だ。どうだ、地理学のほうが優れているんだぞ」という方向に話が進んで、「あれれ」と思ったことがありました。どちらかが優れているのではないのです。お互いに少し違った世界の見方を持っているだけで、そこを十分に理解し合えば、力強いパートナーになれるはずなのです。自然を守る現場に生態学と地理学の双方の研究者が参加し、議論を重ねながら活動する事例が増えたらどんなに素晴らしいことでしょう。地理学出身で、生態学にも片足を突っ込んでいる筆者としては、強く願うところです。

コラム
5

現代社会と地理学に関するQ&A

Q **最終氷期がおよそ一万年前に終わったということですが、そのときに氷河が溶けて海面が上昇したことを、日本では縄文海進と呼ぶのですか。**

A おおむねそのとおりです。後氷期の温暖化に伴い、北半球北部などを覆っていた巨大な氷床が溶けて大量の水が海に流れ込み、日本付近では、今から七〇〇〇年ほど前に海面はピークに達しました。これを縄文海進と呼びます。現在より数メートル高かったとされ、たとえば濃尾平野では岐阜県の大垣の辺りまで海であったと言われています。この時期、世界中の多くの場所で海進が見られましたが、すべてではありません。かつて氷床があった場所では、氷床に押さえつけられて凹んでいた地殻が、海面上昇の速度を上回る速さで隆起したため、海進は起こりませんでした。このような事例は、**グレイシャルアイソスタシー**（氷河性地殻均衡）と呼ばれます。

Q **氷河時代でない時代はどう呼びますか。**

A 氷河時代でない時代に対する特別な呼称はありません。

Q 牛を飼育することで、温室効果のあるメタンが排出されるとのことですが、これを減らすのは難しいと思います。人は肉を食べないといけませんから。

A 牛は人間の家畜であるため、人口の増加に伴って牛の頭数も増えます。特に、牛肉や牛乳をよく飲食する西欧文化圏では、現在大量の牛が飼育されています。確かに、これを減らすのは容易ではありません。しかし、環境問題への関心の高まりの中で、肉食をすることが地球環境を悪化させる懸念から、ベジタリアンとなる人も出てくるようになりました。そこまでするのは極端としても、過度の肉食を避けることは、飼育される牛の頭数を減らし、結果として地球温暖化防止にもつながります。肉食の量を減らすことは、生活習慣病の予防にもなり、健康維持にとってもプラスですね。

Q 温室効果ガスの削減のために、「炭素税」というものの導入が検討されているという話を聞きました。これは一体、どういうものですか？

A 炭素税とは、排出される二酸化炭素の量に応じてかけられる税金です。炭素を多く排出した人は経済的に損をし、少なく済ませた人は得をするようにすることで、世の中の二酸化炭素排出量を引き下げようという意図があります。実際には、排出した二酸化炭素の量を測るのは難しいので、使用される化石燃料の炭素含有量に応じて税金をかけることになります。

Q
伊勢湾台風で冠水・浸水した区域を見て、自分が住んでいる場所が完全に水没していたので不安になりました。

A
伊勢湾台風の反省から、沿岸部には堤防が造られ、排水設備も整えられました。ですから、今後伊勢湾台風並みの台風が来たとしても、あのような大災害になることはまずないと思われます。伊勢湾台風で被害を受けた地域に住んでいるからといって、必要以上に不安になる必要はありません。けれども、まったく安心し切ってしまうのもよくありません。被害に遭いやすい土地の条件は変わっていませんし、伊勢湾台風を超えるような超大型の台風の来襲がないとも言えません。伊勢湾台風で被害のあった地域だということを常に考え、日頃の備えを怠らないことが大切です。

Q
ニュース番組で、昔の人の教えを守って家を建てる場所を決めたら、災害から免れることができたと報じていました。そのようなことは結構あるものなのでしょうか？

A

東日本大震災で、津波の被害を免れた集落や家屋の話ですね。どれほどの数、そのような例があるのかはわかりませんが、一般論として、伝統のある集落は比較的安全なところに立地している傾向があります。大きな災害に遭うことなく、安定して集落を維持できたということは、それだけの理由があるのですね。

Q

洪水が起こりやすい地形だとわかっているはずなのに、なぜ住宅地が造られるのでしょうか。造るのをやめればいいだけのように思います。

A

まさにそのとおりなのですが、ことは簡単ではありません。まず、今のところ、浸水しやすい場所を指定し、そこへの住宅建設を規制するような法律はありません。都心に近い場所で、住宅の需要が高まれば、低平な水田も住宅地の候補になります。農地であれば地価もそれほど高くはなく、造成すればおそらく買い手が付きます。洪水という稀にしか起こらない（と思い込まれている）現象と、切実な住宅地への要望を天秤にかけたとき、どうしても後者に傾いてしまうわけなのです。私たちは賢い消費者にならねばなりません。

Q 近所の人や家族にハザードマップについて聞いても、知らないという答えでした。その存在を知っている人は限りなく少ないと思います。国や自治体はもっとハザードマップの認知度を上げるよう努力すべきです。

A ハザードマップを配られても、見ないまま古紙回収へ、という家庭は多そうですね。配っておしまいでは状況は変わりません。地区ごとにハザードマップの説明会を開いたり、公民館や図書館などの公共施設で啓発活動をしたりするといったことが大切だと思います。

Q 街中にある空き地も、まったく手を加えずに放っておいたら陰樹林になるのですか？ また、スギの人工林も放っておくとほかの植生に移り変わりますか？

A 理論的には、街中の空き地もそのうち陰樹林になります。ただ、植生遷移が順調に進むためには、周囲からの種子供給が必要です。しかし、都会の真ん中では通常の遷移系列に沿った種子供給が難しく、外来種がいち早く侵入したりして、**偏向遷移**と言われる異なった変化を見せる場合が多くなると思われます。スギの人工林も、言ってみれば人の管理する「スギの畑」なので、手入れをしないで長い年月が経つと、ほかの樹種が入ってきます。

Q 日本に里地里山は何か所ぐらいありますか。

A 里地里山の定義は一律に決め難いですし、連続して存在しているため空間を区切ってカウントすることも困難です。このため、「何か所」という言い方で答えることは難しいですが、環境省の集計では国土のおよそ四割が里地里山だとされます。

Q 里地里山とは、いわゆる田舎のことと考えればよいのですか？

A 田舎（人口の少ない田園地帯）であってもほとんど里地里山の存在しない場合があります。たとえば、一斉に圃場整備が行われた農業地域では、雑木林・水田・畑・採草地などがモザイク状に広がる里地里山の景観は残されていません。一方、都会の中に、かつての里地里山が取り込まれて緑地や公園になっているところがあります。水田や畑まで公園の中に取り込み、公園の活動として耕作している例もあります。ですから、田舎＝里地里山ではありません。

あとがきに代えて

文理選択で悩む

この本では、自然地理学を中心に、地理学の様々な考え方や知見を紹介してきました。地理学を通して見る世界に興味を持っていただけましたか？　もし、そうであるならば著者としてこれ以上の喜びはありません。そして、さらに知識を深めたいとお考えでしたら、巻末にまとめた文献リストをぜひご覧になってください。

最後に、あとがきに代えて、私が地理学を志した動機や、地理学に対する思いを少し書かせてください。地理学研究者の末席にやっと並んでいる一個人の私事にすぎませんが、そこから教科書や参考書には掲載されることのない「生身の地理学」を読み取っていただくことができると思うのです。

地図を使った仕事をしているせいか、「昔から地図が好きだったのですか？」と聞かれることがあります。確かに、子どもの頃からよく地図を眺めていました。しかし、地図そのものに惹かれていたのかというと、ちょっと違います。私が直接に興味を持っていたのは、身近な地域の自然環境でした。最初は漠然と自然に触れている時間を好ましいものと感じていた程度です。しかし、中学生の頃にある本を読み、遠くに出かけなければ見ることができないと思っていた様々な野生植物が、探せば近くにたくさんあることに気づかされ、大きな衝撃を受けました。そして、近所でそれを徹底的に調べてみたいと思ったのです。そこで役に立ったのが地図でした。

最初に使ったのは、家にあった道路地図です。そこには、道路や地名のほかに、頼りないながら等高線も描かれていました。等高線を読むと尾根や谷といった地形を把握することができ、地形から森林が残っていそうな場所を推測できました。こうして、めぼしい場所をあらかじめチェックしておき、休みの日になると自転車に乗ってその場所まで走ります。そして、その経路を地図上に記し、見た植物なども記録してゆきます。

そうした繰り返しの中から、地形によって生育する植物が異なったり、地質によって地形が変わったりすることを、新鮮な感覚とともに理解してゆきました。文句なしに、それが面白いと思ったのです。比較するのもおこがましいですが、新田次郎の『孤高の人』に描かれた登山家・加藤文太郎も、若い頃に地形図を持って六甲山一帯を歩き回っていたそうです。地図と実地とを交互に照らし合わせることで、彼は地形をはじめとする自然環境に対する感覚を磨き、登山に結びつけたのでしょう。

地域ごとに異なる自然環境に興味をそそられた一方で、農地開発などによって自然環境が損なわれてゆく現場も、あちこちで目にしました。痛々しく丘陵が削られた場所や、湧水が枯渇して干上がった湿地を見るうちに、漠然と自然環境の保全に携わる仕事をしたいと思うようになりました。単に自然の仕組みを調べるだけでなく、人との関わりも踏まえたうえで、どう保全していったらよいかを考えたい。そのためには、どんな仕事がよいのか……。考えが十分にまとまらないうちに、進学した高校で、文系・理系のコース選択をしなければならない時期がやってきました。まずは大学の進学先を選ばなくてはいけません。

自分で調べても、どんな先生にアドバイスを求めても、希望する仕事から導かれる答えは「理系」です。「理学部では生物学が学べる。君のやりたい内容は、その中の生態学が近い」とか、「農学部もいいと思う。人と自然の関わりという点から、森林や農地について学べる」というように親身になって指導してくださるのですが、私は浮かない顔になるばかりでした。なぜなら、理系の教科、特に数学がからきしダメだったのです。単に苦手というレベルを超え、計算しろと言われるだけで身のすくむ思いがするほどでした。それを克服して、そうした学部に進学できるとはとても思えませんでした。

ギリギリまで悩みぬいた挙句、文系コースに進むことにしました。メディアや報道にも興味があり、高校の新聞室員だった私は、書籍を編んだり、雑誌等の記事や評論を執筆したりという方法でも、自然環境の保全に携われるのではと考えたのです。そんな考えから、学校新聞の論説欄に、「文理選択の山頂で」というコラム記事を書いたのもその頃です。

長野県に登山のために向かった電車の中で、登山装備の男性に出会った。同じ駅で降りたのだが、バスに乗って違う場所に行ってしまった。そこで違う山に登ったとばかり思っていたら、同じ山の頂でばったり出くわして驚いた。聞いてみると、別の登山口から登ったとのこと。確かに、登山ガイドには別の登山口のことも触れていたが、自分が歩くルートしか頭の中に入れていなかった……。

当時、実際に経験したこのエピソードを下敷きに、その記事では「同じ目的の仕事をするのにも、複数の道筋がある。途中で見える景色は異なっても、同じ場所にたどり着くこともある。文理選択はあくまで登山ルート（手段）の選択なのであって、必ずしも山頂（目指す仕事）を選ぶものではない」という意味のことをまとめました。後輩に向けたメッセージのつもりでしたが、あとで考えれば、自分を納得させるために書いたようなものでした。まだ、本当にこの選択でよかったのか、迷いがあったのです。

地理学教室で学んだこと

そんな折、たまたま家にあった雑誌に、日本アルプスで行われている高山植生に関する研究が紹介されていました。それは、地球温暖化が高山植生に与える影響を検討するため、自生する植物にプラスチックの囲いを付け、その反応を調べるというものでした。興味をひかれて読み進めると、その研究をどんな人が進めているのかについても、記してありました。それを読んで心の底からびっくりしたのです。

「文学部出身の人が、こんな研究をしている！」　それは、水野一晴さんとおっしゃる方で、さらに調べてみると、地理学という分野を専門にされていることがわかりました。余談ですが、その後進学先の集中講義で直接お話を伺うことになり、さらに同じ出版社から地理学を紹介する本を出すことになろうとは当時まったく思いもよりませんでした。

さて、地理学という分野があることは知っていましたが、まさか高山植物まで扱っているとは知りませんでした。にわかに興味を持ち、地理学って一体何なんだ、と思っていろいろと調べてみると、「あらゆるものが対象になる」「人と自然の関わりを追求する」「地域による違いを検証する」「フィールドワークを重視する」といったことがわかりました。単に文系学科において理系的な学問を学べるというだけでなく、これまで行ってきた自転車による自然探しの延長のような、楽しそうな内容であることがわかりました。これだ！　私はやっと悩んでいた進路先が明確化されたような気がしました。

実際のところ、（研究は好きだけれども）勉強が苦手な私は、スムーズに進学することが叶わず、一年間の回り道を経て、地理学教室のある地元大学の文学部に進学することができました。所属した学部では、二年次になると（地理学をはじめ、日本文学・心理学・考古学などの）各教室に配属となります。晴れて地理学教室のメンバーとなり、上級生や大学院生を知ると、大いにカルチャーショックを受けることになりました。

想像を超える研究分野の広さが、大部屋の研究室の中に溢れているのです。たとえば、古文書の読解をしている先輩の傍らで、別の先輩はパソコンにボーリング・コア（地質柱状図）を入力しています。文学部なのに実験室が備わっており、様々な測量機器や実験器具が備わっています。海外や遠方の調査でしばらく戻ってこない人もいて、しばらくはどこからどこまでが教室のメンバーなのか、わからないほどでした。

巡検（地理学で行われる学習を目的とした旅行）で普段行くことのない地方に行き、未経験の分野の調査方法を学んだり、海外や離島での調査に連れて行っていただいたり、大変であるのと同時に楽しい毎日でした。

何年か経ち、教室全体で開かれるゼミに出席するようになると、また驚くことがありました。「なぜこの研究をやるのか。それにどんな意義があるのか。過去にその分野でどんな研究が行われ、どこまでわかっているのか」。調べた成果を発表する前に、こうしたことを徹底的に説明することを求められるのです。さらに、専門的な用語や理論がある場合は、それについて的確でわかりやすい説明をしなくてはなりません。分野がほぼ決まった研究室では、皆が前提とする共通の理解のもとに研究を進めるので、そんなところは省いてしまうのかもしれません。しかし、地理学教室においては、そうでないと各個人の研究内容をほとんど把握できないし、ましてや評価できないのです。説明が不十分であったり、少しでも理にかなわない部分があったりすると、すぐに方々から鋭い質問が投げ込まれタジタジになります。

当然のことながら「興味を持ったから調べた」ではまったく不十分なわけで、私もずいぶん鍛えられました。自分の調べている分野に近い先生がいらっしゃる場合は、援護射撃も期待できます。しかし私の場合、主に指導していただいた先生は、歴史地理学や地形学を専門とされていました。一方の私は植生地理学や地生態学の研究を進めたので、そうはいきません。逆に、先生に研究で用いる生態学や植生学の考え方や用語を説明することもあるのですが、「それはおかしい」「地理学ではそう考えない」などと論破されてしまうこともありました。もちろん、熱心な先生だからこそ、指導の一環でしてくださる議論ではあるのですが、どうしたものか悩んでしまうこともありました。究極的には私の理解や説明が未熟だったわけですが、分野間の壁を感じ、窮屈に感じてしまうのでした。

そこで、地理学に軸足を置きつつも、植生学を専門とするほかの学部の先生に助言を求めたりもしました。大学院に進学してからは、植生学会や生態学会という、隣接分野ではあるものの、地理学とは異なる研究分野の会合に行き、情報を求めることも始めました。大学院修了後は、様々な分野を統合することを試みる環境学の研究プロジェクトに研究員として勤めることになり、さらに違った研究分野の風土を知る機会にも恵まれました。

こうしてみると、今度は窮屈に感じたはずの地理学の風土が、逆に魅力的に感じてきたのですから不思議です。故郷を離れ遠くで暮らしてみて、初めて故郷の良さを実感するという話を聞きますが、そんな心持ちに近いかもしれません。

そこで、この本を締めくくるにあたって、やや偏りがあるかもしれませんが、私が今感じている地理学の魅力をまとめておこうと思います。

地理学の魅力とは?

地理学の魅力として、第一に挙げたいのは、ずばり「何を取り上げても地理学になる」ということです。私たちの暮らす地球の表面付近に分布するもので、地理学の対象にならないものなどありません。誰もが、その中に何がしか興味のある対象を持ち、どこにあるのか？　なぜ、そこにあるのか？　を意識しながら生活しているという前提に立てば、誰もが潜在的な地理学の研究者なのです。そこに気づいていただくのがこの本を通じたテーマであり、地理学が日常に溢れていることを理解してくださったなら、嬉しく思います。

この本の筆者は、この「何を取り上げても地理学になる」に助けられた一人です。先に述べたように、かねてから興味のあった身近な自然環境の研究を続けられたのは、地理学に拾ってもらったからにほかなりません。私は現在、西日本に広く分布する、湧水湿地と呼ばれる小さな湿地の研究を進めています。多くの在地の方々の協力をいただき、まずは「どこにあるのか」を探っています。分布というしごく基礎的な情報なのに、湧水湿地に関してはまだ網羅的に掴めていないのです。

地域の環境教育の場や、ちょっとした観光スポットとなっている湧水湿地もあり、そうした場所でアンケートを行い、「どこからどんな人が訪れるのか？」を研究したこともあります。訪れるのは人ばかりではなく、多くの動物もやってきます。中には、イノシシのように湿地を荒らしまわる厄介なものもいます。「どの湿地にどんな生き物がやってくるのか？」という研究も最近始めました。ほかにも、湿地の堆積物や地下水位、微地形と植生の関係など、これまでに調べたテーマは多岐にわたります。

この原稿を書いているのは、愛知県知多半島にある公民館の一室です。その町にある湿地保全グループの会議がまもなく始まるので、春の日差しの中、熱心なメンバーの方々が三々五々集まってきます。先に述べた調査研究は、こうした市民グループの方々や、行政の方々と一緒に行うこともあります。現場を大切にする学問であれば、地理学に限ったことではありませんが、各地域の方々と交流しながら仕事をすることができ、微力ながら成果を社会の役に立てられることは、また別の大きな魅力です。

フィールドワークも地理学の持つ素晴らしい魅力です。目的を持って野外で汗を流すことの爽快さは格別です。こんなところは、スポーツと似ているかもしれません。もちろん、雨の日の調査で荷物から服の中までビショビショ、ドロドロになることもあれば、炎天下に何時間も歩き続けることもあります。そうした苦労の末に、素晴らしい成果が得られるならば格別ですが、成果がまったく得られず、単に時間と体力とお金を消耗して一日が終わることもあります。それでも、室内に閉じこもってパソコンをいじっているより、よっぽど楽しい時間です。なぜなら、そんなときも必ず何かの発見があるからです。充実した調査のあとに、食べる食事や呑むお酒も、また格別です。

なんだか呑兵衛の与太話みたいになってしまいましたね。実際、地理学の研究者にはお酒の伝説がある人が多く、これまたカルチャーショックだったということは、皆さんと私の内緒ごとにしておきましょう（笑）。

本当のあとがき

さて、本当のあとがきを書きましょう。この本を一通り読んでくださった方へのお断りを、まずいくつか記しておきます。

まず、この本の内容は第一章を除いて自然地理学に偏っています。自然地理学のほうが筆者の専門に近いことがその理由ですが、当然のことながら、人文地理学の分野においてもたくさんの面白い話題があります。昨年、現任校に赴任してから、いくつかの人文地理学の領域を含む授業を担当することになりました。改めて勉強しなおしたところ、皆さんにお伝えしたい興味深い事柄がたくさん見つかりました。いずれかの機会に、趣旨はそのままで人文地理学を中心とする内容の本を書くことができればと思っています。

内容面でお断りしておく点がもう一つあります。それは、ほかの地理学に関する書籍ではほとんど取り上げられていない、生物多様性や自然環境の保全に関する知見を、随所に織り込んだことです。こんなことは地理学で扱わない！　とお叱りを受けるかもしれません。確かに、これまでの地理学ではあまり関心を持たれなかった分野であることは承知しています。しかし、第三章でお話ししたように、地理学が強みを発揮できる重要な課題だと、私は確信しています。地理学に関心のある皆さんに、少しでもこの分野の事柄を知り、興味を持っていただきたいと思っています。興味を持つ方が増えれば、生物多様性や身近な環境保全に関する研究が地理学の中でも盛んになり、新しい学問の発展につながっていくはずです。

さて、この本は、初めて地理学を学ぶ方でも難しくないよう、できる限り平易な表現を用い、なるべく具体的な事例を引きながら解説しました。厳密さよりも、わかりやすさを優先させた部分もあります。たとえば、複雑な事象を単純化して示す、様々ある事象のうち代表的なものだけを取り上げる、といったことです。ですから、専門的な知識を持つ方からすれば、不正確・不十分と感じる記述があるかもしれません。どうか趣旨をくみ取っていただき、この点をご了解ください。また、地理学に興味を持ち、より詳細な学習を志す方は、巻末の文献リストをご活用ください。

なお、研究者に向けた専門書ではありませんから、ほかの文献から得た情報に基づいた記述をする際に、本来はその都度記すべき引用注を省いています。引用注によって難しく感じるのを避けるとともに、文の流れを優先させました。参照した主要な文献は、巻末の文献リストに挙げています。ほかにも、この本を書くうえで少しでも参考にした書籍・ウエブサイト等はほかにもありますが、膨大になるため割愛させていただきました。多くの先行書に助けられて書かれた本ですが、もちろん内容の責任はすべて筆者にあります。

この本は、二〇一五年の一二月に、ベレ出版の森岳人さんからのお話をいただき、執筆を開始しました。ところが二〇一六年の四月に大学を異動することになり、これに伴って、執筆時間の確保が難しくなってしまいました。多くの授業を新しく準備する必要が生じたことや、受け持ちコマ数の関係から授業期間中に研究を進めることが困難となり、夏や春の授業のない期間に集中的に調査出張に出かけざるを得なくなったことなど、諸々の事情が重なったのです。遅々として執筆の進まない状況の中、森さんには無理を言って締め切りを伸ばしていただき、調査先へ向かう新幹線の中や、一日の授業の終わった後のひっそりとした研究棟や、子どもと妻が寝静まったあとの自宅リビングなどで、なんとか少しずつ書き進めてゆきました。やっと目途のついた今、季節はひとめぐり以上まわり、研究室の窓からは、執筆を開始して二回目の新緑が望めます。

二〇一七年度春学期の受け持ち授業もようやく軌道に乗りつつあります。この本で取り上げた大部分のテーマは、これまで担当した自然地理学や地理学、自然環境に関わる講義のノートを下敷きとしており、コラムに掲載した質疑は、実際の授業で出されたもののアレンジです。学生の皆さんを含め、多くの方々の助けがあって、この本を執筆することができました。このことに感謝しつつ、筆を置かせていただきます。

【文献リスト】

この本を執筆するうえで、参照した主要な文献は次のとおりです（出版年順）。

・浮田典良編（二〇〇四）『最新地理学用語事典』原書房．

・上野和彦・椿真智子・中村康子編著（二〇〇七）『地理学基礎シリーズ1　地理学概論』朝倉書店．

・矢ヶ碕典隆・加賀美雅弘・古田悦造著（二〇〇七）『地理学基礎シリーズ3　地誌学概論』朝倉書店．

・高橋日出男・小泉武栄編著（二〇〇八）『地理学基礎シリーズ2　自然地理学概論』朝倉書店．

・野間晴雄・香川貴志・土平博・河角龍典・小原丈明編（二〇一二）『ジオ・パルNEO　地理学・地域調査便利帖』青海社．

・日本生態学会編（二〇一二）『生態学入門　第二版』東京化学同人．

・日下博幸（二〇一三）『学んでみると気候学はおもしろい』ベレ出版．

・仁科淳司（二〇一四）『やさしい気候学　第三版』古今書院．

・小池一之・山下脩二・岩田修二・漆原和子・小泉武栄・田瀬則雄・松倉公憲・松本淳・山川修治編（二〇一七）『自然地理学事典』朝倉書店．

・日本地形学連合編、鈴木隆介・砂村継夫・松倉公憲責任編集（二〇一七）『地形の辞典』朝倉書店．

また、本文中に示した気象統計データについては、気象庁ウェブサイト『過去の気象データ検索』(http://www.data.jma.go.jp/obd/stats/etrn/index.php) および『世界の天候データツール』(http://www.data.jma.go.jp/gmd/cpd/monitor/climatview/frame.php) に拠りました。

文学作品は、『青空文庫』(http://www.aozora.gr.jp/) より引用しました。

索引

た行

著者紹介
富田啓介（とみた けいすけ）
1980年、愛知県生まれ。2009年、名古屋大学大学院環境学研究科修了。博士（地理学）。名古屋大学大学院環境学研究科研究員、法政大学文学部助教を経て、2016年より愛知学院大学教養部講師。専門は自然地理学、特に地生態学。主な研究テーマは、里地里山における人と自然の関わり、ため池・湧水湿地をはじめとする生物生息地の成り立ちの解明と、その保全・活用。主な著書に、『里山の「人の気配」を追って』（2015年、花伝社）がある。趣味は山歩きであるが、数年前に子供が生まれてからは難しく、家の裏での畑仕事が息抜き。

はじめて地理学《ちりがく》

2017年11月25日　初版発行

著者	富田《とみた》 啓介《けいすけ》
DTP・カバーデザイン	ISSHIKI
発行者	内田 真介
発行・発売	ベレ出版 〒162-0832 東京都新宿区岩戸町12 レベッカビル TEL.03-5225-4790 Fax.03-5225-4795 ホームページ http://www.beret.co.jp
印刷	株式会社文昇堂
製本	根本製本株式会社

ISBN978-4-86064-529-8 C0025　　編集担当　森 岳人